UNGARISCHE BIBLIOTHEK
FÜR DAS UNGARISCHE INSTITUT AN DER UNIVERSITÄT BERLIN
HERAUSGEGEBEN VON JULIUS VON FARKAS
Erste Reihe
28.

Friedrich List in Ungarn

Von

Gottfried Fittbogen

1942

Walter de Gruyter & Co.

vormals G. J. Göschen'sche Verlagshandlung — J. Guttentag, Verlagsbuchhandlung — Georg Reimer — Karl J. Trübner — Veit & Comp.

Berlin

Einleitung.

Aus der Biographie Lists von Ludwig Häusser ist bekannt, daß List in den letzten Jahren seines Lebens starke Beziehungen zu Ungarn gehabt hat, und zwar nicht zu ungarländischen Deutschen, sondern zu Magyaren. Diese Beziehungen Lists zu Ungarn haben noch keine zusammenhängende Darstellung gefunden.

Bisher liegen nur einzelne Beiträge dazu vor.

Zuerst hat man begreiflicherweise von ungarischer Seite aus Interesse für diese Frage gehabt. Béla Földes hat sich ihr schon während des Weltkrieges zugewandt; am 10. Mai 1915 hat er in der ungarischen Akademie der Wissenschaften einen Vortrag über Friedrich Lists Beziehungen zu Ungarn gehalten[1]). Der Vortrag selbst war nur kurz und vorbereitender Natur. Aber Földes hat bereits die grundsätzliche Bedeutung der Frage erkannt und die Notwendigkeit ihrer umfassenden Bearbeitung. Unter dem Eindruck seines Vortrages hat die ungarische Akademie in der Festsitzung desselben Jahres beschlossen, eine Preisfrage über die Beziehungen Lists zu Ungarn auszuschreiben. Der Krieg hat die Ausführung dieser Absicht verhindert. Zwölf Jahre nach dem Weltkrieg hat dann Ladislaus Grossmann die Frage wieder aufgenommen, allerdings mit einigem Skep-

---

Gottfried Fittbogen hat diese Arbeit kurz vor seinem Tode beendet und dem Ungarischen Institut, in dessen Auftrag sie geschrieben wurde, zur Drucklegung überreicht. Es war seine Hoffnung, daß die ungarische Forschung durch seine Ausführungen angeregt ihre Aufmerksamkeit dem Verhältnis Lists zu Ungarn zuwenden und auf Grund der ungarischsprachigen Quellen seine Forschungsergebnisse ergänzen werde. Wir würden es als eine schöne Ehrung seines Andenkens begrüßen, wenn seine Hoffnung eine Erfüllung und seine bahnbrechende Arbeit eine würdige Fortsetzung finden würde. Der Herausgeber.

[1]) Abgedruckt in der Ungarischen Rundschau für historische und soziale Wissenschaften 1915 zusammen mit einer Arbeit von Rudolf Sieghart unter dem gemeinsamen Titel *Ein unbekanntes Memorandum Friedrich Lists über das Verkehrswesen Ungarns.* S. 478—492 (Földes) und S. 745—777 (Sieghart).

tizismus; aber er hat doch immerhin aus der ungarischen Presse beachtenswerte Tatsachen zusammengestellt[1]).

Auf deutscher Seite nötigte die Arbeit an der großen Listausgabe die Herausgeber zwangsläufig zur Beschäftigung auch mit dieser Frage. Denn sie mußten ja auch die Veröffentlichungen und Briefe Lists, die sich auf Ungarn beziehen, herausgeben. Sie haben sich dabei nicht darauf beschränkt, die betreffenden Texte abzudrucken, in dem Kommentar dazu haben sie auch viel Material zu ihrem Verständnis, also Material über die Beziehungen Lists zu Ungarn aufgehäuft. Der Anlage der Ausgabe gemäß ist es auf mehrere Bände verteilt[2]).

Es wird nun — hundert Jahre nach den Ereignissen — endlich Zeit, daß die Arbeit ernstlich in Angriff genommen wird.

Der Skeptizismus Großmanns ist unnötig. Die Wirkung, die List auf Ungarn ausgeübt hat, ist bedeutend, und es liegen auch genug Quellen vor, die sie bezeugen.

Nötig ist aber (und das ist noch nicht geschehen), daß man die einzelnen Nachrichten und Geschehnisse, die sich an den Namen List knüpfen, in den Zusammenhang der ungarischen Zeitgeschichte stellt; nur auf diese Weise ergibt sich aus den Einzelheiten ein Ganzes, aus den vielen Mosaiksteinen ein Bild. Macht sich ein Reichsdeutscher an die Arbeit, so muß er sich, wie List es einst tat, in die ungarischen Verhältnisse versenken. Macht sich ein ungarländischer Forscher an die Arbeit, so muß er sich entsprechend mit den Voraussetzungen, von denen List ausging und mit denen er als Nichtmagyar, speziell als „Deutschländer", an die ungarischen Dinge herantrat, vertraut machen. Zwei verschiedene politische Welten berühren sich. Die Aufgabe ist, die Quellen, die aus diesen verschiedenen Welten stammen, zu einem einheitlichen Bilde zu verarbeiten.

Über die Quellen ein Wort zu sagen, ist nicht überflüssig. Wir stützen uns auf deutschsprachige Quellen; die stammen aber zum Teil auch von Magyaren, sei es, daß diese sich der deutschen Sprache bedient haben, sei es, daß ihre Äußerungen uns in deutscher Übersetzung vorliegen. Diese Quellen magyarischer Herkunft sind natürlich von besonderem Wert.

---

[1]) *Friedrich List in Ungarn.* Zeitschrift für die gesamte Staatswissenschaft. 1930. II, S. 118—124.

[2]) *Friedrich Lists Schriften, Reden, Briefe.* Herausgegeben im Auftrag der Friedrich-List-Gesellschaft. 10 Bde. Berlin 1927—1935. Verlag Reimar Hobbing. — Wir verzeichnen hier nur die betreffenden Stellen im Kommentar: Bd. III, 2 (1936), S. 1009 bis 1023; zu den beiden Denkschriften über die nötigen Reformen in Ungarn, 1845; Bd. V (1928), S. 673—678; zu dem Auswanderungskapitel der Schrift „die Ackerverfassung, die Zwergwirtschaft und die Auswanderung", 1842; Bd. VII S. 597—608; zu den Aufsätzen „Österreich und der deutsche Zollverein" I, II, 184; Bd. VII S. 674f.; zu Lists Rede auf dem Wiener Festmahl, 23. Dezember 1844; Bd. VIII S. 933f., 938; zu den Briefen aus und über Ungarn 1844—1846.

Wir zweifeln nicht, daß sich aus ungarischen Quellen — gedruckten und ungedruckten — noch manches Material herbeischaffen läßt, ja wir hoffen gerade durch diese Arbeit sie ans Tageslicht zu locken. Wir beschränken uns aber absichtlich auf das bereits zugängliche Material; damit läßt sich eine feste Grundlage schaffen. Ist diese Grundlage einmal gegeben, so wird es ungarländischen Forschern magyarischer und deutscher Zunge nicht schwer fallen, weiteres ans Tageslicht zu ziehen und Ergänzungen zu liefern. Doch das ist cura posterior.

Zu der Frage, ob List früher schon einmal in Ungarn war, können wir kein neues Material beisteuern. Da aber List ausdrücklich sagt, daß er vor einem Vierteljahrhundert schon einmal an der Donau und in Ungarn gewesen sei, so müssen wir annehmen, daß List tatsächlich schon bei Gelegenheit seines ersten Aufenthaltes in Wien, im Jahre 1820, Ungarn besucht hat. Das braucht keinen längeren Aufenthalt in Ungarn zu bedeuten. Bei der Bedeutung, die Preßburg als Sitz des ungarischen Landtages hatte, wäre ein Ausflug nach dahin beinahe als selbstverständlich anzunehmen. Vielleicht hat sich sein Besuch Ungarns auf Preßburg beschränkt.

Für uns ist diese Frage ohne Bedeutung. Denn dieser erste Besuch Ungarns blieb ohne Folgen, Beziehungen zu Ungarn haben sich daraus nicht ergeben. Diese beginnen, so viel wir sehen, erst mit dem Jahre 1841, das heißt: mit dem Erscheinen seines Nationalen Systems der politischen Oekonomie.

Kapitel I.

Das Bekanntwerden Lists in Ungarn (1841—1844).

1.

Lists Werk „Das nationale System der politischen Ökonomie" fand in Ungarn sofort Beachtung und Verbreitung.

Wir stellen zunächst die äußeren Daten zusammen. Noch im Jahre seines Erscheinens, am 6. Dezember 1841, hielt August Trefort, der spätere ungarische Unterrichtsminister (1872—1888), damals dreiundzwanzigjährig, in der ungarischen Akademie der Wissenschaften eine Vorlesung über Lists Werk und erkannte seine epochemachende Bedeutung: „Dieses Werk wird in der Wissenschaft der Nationalökonomie eine neue Periode eröffnen und am meisten zur Ausrottung der Vorurteile und gefährlichen Irrtümer des Smith'schen Systems beitragen." Er stellte Lists System als selbständig neben den Merkantilismus, Physiokratismus und Smithianismus hin. In entsprechender Weise stellt das erste in ungarischer Sprache geschriebene Lehrbuch der Nationalökonomie, das Lehrbuch von August Karvasy

(1842), Lists Bedeutung dar und dokumentiert damit den Einfluß der Listschen Idee[1]). Noch im selben Jahr (1842) erschien bereits eine ungarische Übersetzung des Werkes von Anton SÁRVÁRY in drei Bänden (Kőszeg-Güns). Ungarn war damit sämtlichen Ländern weit voraus. Das Werk wurde in ungarischer und in deutscher Sprache viel gelesen.

Wie sehr es in Ungarn geschätzt wurde, trat auf dem ungarischen Landtag des Jahres 1843/44 überraschend zutage. Während der anderthalb Jahre, die er dauerte, hallten „die Säle unserer gesetzgebenden Körper", also der Saal der Magnatentafel wie der Saal der Ständetafel, von Lists Namen wider, „so oft von Handel und Industrie, von Eisenbahnen oder von Zöllen die Rede" war[2]).

Im Herbst 1844 wurde in der ungarischen Akademie der Wissenschaften der Antrag gestellt, List zum korrespondierenden Mitglied der Akademie zu ernennen[3]). Allerdings wurde dieser Antrag nicht angenommen; auch in Ungarn wachsen die Bäume nicht in den Himmel. Aber der Antrag war doch gestellt.

Am wichtigsten ist Pulszkys Zeugnis, daß auf dem Landtag 1843/44 die Säle der gesetzgebenden Körperschaften von Lists Namen widerhallten, wenn nationalökonomische Fragen zur Verhandlung kamen. Dies Zeugnis Pulszkys ist vollwichtig. Pulszky war Ohren- und Augenzeuge der Debatten. Er war zwar nicht Mitglied des Landtages (sein Komitat hatte ihn nicht wieder zum Abgeordneten gewählt); aber er hat doch den größten Teil des Landtages in Preßburg selbst miterlebt. Erst im Sommer 1844 ging er auf vier Monate nach Italien, kam aber gerade zum Schluß des Landtages zurück[4]). Die anderthalb Jahre, von denen er spricht, stimmen beinahe auf die Minute: am 14. Mai 1843 wurde der Landtag eröffnet, am 13. November 1844 wurde er geschlossen; dazwischen liegen ein Jahr und sechs Monate. (Pulszky hatte List schon 1840 in Preßburg persönlich kennengelernt.)

An Pulszkys Zeugnis ist nicht zu zweifeln. Wie stellen wir aber im einzelnen fest, was damals im ungarischen Landtag über List gesagt wurde, welche seiner Gedanken damals von ungarischen Landtagsmitgliedern geglaubt und verbreitet wurden? Ist das überhaupt möglich?

---

1) Béla FÖLDES, *Friedrich Lists Beziehungen zu Ungarn.* Ungarische Rundschau für historische und soziale Wissenschaften. 1915, S. 489.

2) Franz PULSZKY, Allgemeine Zeitung 1844, Nr. 322 vom 17. November.

3) Ladislaus GROSSMANN, *Friedrich List in Ungarn.* Zeitschrift für die gesamte Staatswissenschaft. 1930, II, S. 188ff. Leider ist nicht bekannt, von wem der Antrag ausging. Wann wurde der Antrag gestellt: vor dem 31. Oktober 1844 oder unter dem Einfluß von Lists Besuch in Ungarn?

4) Franz PULSZKY, *Meine Zeit, mein Leben.* Preßburg und Leipzig, Bd. I (1880), S. 316.

Dazu ist es nötig, sich darüber zu orientieren, wie damals, auf dem Reichstag 1843/44, die Berichtserstattung über die Parlamentsverhandlungen in Ungarn gehandhabt wurde. Emrich Henszlmann, der Redakteur der „Vierteljahrsschrift aus und für Ungarn" hat die deutschen Leser, für die sein Blatt bestimmt war, genau darüber unterrichtet[1]).

Zunächst: sollen wir dies ungarische Parlament Landtag oder Reichstag nennen? — Die Vierteljahrsschrift, die speziell ungarische Interessen vertritt, nennt es immer Landtag; ihrem Sprachgebrauch schließen wir uns an. Im selbständigen Ungarn, vorübergehend 1848/49, dauernd seit 1867 wurde der Name „Reichstag" üblich. Rückwirkend hat dieser Name dann, scheint es, die Bezeichnung „Landtag" auch für die Zeit vor 1848 verdrängt. Wir folgen für die Zeit vor 1848 dem Sprachgebrauch Henszlmanns und seiner Zeitschrift.

Über die Verhandlungen des ungarischen Landtages wurde 1843/44 in folgender Weise berichtet.

Es gab vier verschiedene Arten von Sitzungen. Die Ständetafel hielt Kreissitzungen und Reichssitzungen ab, die Magnatentafel nur Reichssitzungen. Ab und an tagten beide Häuser gemeinsam; diese Sitzungen hießen gemischte Reichssitzungen.

Wir beginnen mit der Ständetafel und ihren beiden Tagungsformen, den Kreis- und den Reichssitzungen.

Die Kreissitzungen haben ihren Namen daher, daß in früherer Zeit die Deputierten der Komitate zu Vorbesprechungen kreisweise zusammenzutreten pflegten. Ganz Ungarn nämlich gliederte sich landschaftlich (und gliedert sich auch heute noch) in vier „Kreise"; das sind die beiden „Kreise" diesseits und jenseits der Donau, und die beiden „Kreise" diesseits und jenseits der Theiss. In den Sitzungen der einzelnen „Kreise" wurden die Gegenstände, über die in der offiziellen Sitzung (das ist: in der Reichssitzung) Beschluß gefaßt werden sollte, vorbereitend gesprochen. Als später die Deputierten der Komitate ihre Vorbesprechungen nicht mehr kreisweise, sondern gemeinsam abhielten, als dann auch die Deputierten der geistlichen Kapitel, der Distrikte und der Städte hinzutraten, paßte der Name nicht mehr, er war geradezu widersinnig geworden (es fanden ja keine „Kreis"-Sitzungen mehr statt, sondern nur noch Gesamt-Sitzungen), aber er wurde doch beibehalten als Bezeichnung für die inoffiziellen Sitzungen.

Denn diese Sitzungen waren nach wie vor nur vorbereitender Natur: in ihnen wurden die Beschlüsse der offiziellen Sitzungen (der Reichssitzungen) vorbereitet. Da aber die vorbereitenden Beschlüsse, die nachher zu offi-

---

[1]) *Vierteljahrsschrift aus und für Ungarn.* Leipzig. Verlag Georg Wigand. 1843. III, 1, S. 3f., 15f., 26.

ziellen Beschlüssen erhoben werden sollten, in der Reichssitzung meist ohne oder mit nur geringen Änderungen angenommen wurden, so lag das geistige Schwergewicht bald in den Kreissitzungen. In ihren Debatten pulsierte das Leben der Ständetafel am unmittelbarsten und frischsten, hier sprach „die Nation" nach Henszlmann ihren Willen am reinsten aus.

Bei alledem aber blieben die Kreissitzungen inoffiziell, sie waren in der Verfassung nicht vorgesehen. Daher gab es auch keine offizielle Berichterstattung über sie. Versuche, eine offizielle Berichterstattung zu erreichen, waren von der Ständetafel gemacht, aber sie hatten bisher nicht zum Ziel geführt. Jetzt, auf dem Landtag 1843/44, unternahm die Ständetafel einen neuen Vorstoß; bereits in der Kreissitzung vom 23. Mai beschließt sie: die Verhandlungen der Kreissitzungen sollen zwar nicht stenographisch aufgenommen werden; aber es soll doch ein Bericht verfaßt werden; er soll kürzer und bloß im Auszug gehalten werden; sechs Abgeordnete werden zu Redaktoren gewählt; sie haben das Tagebuch („Diarium") der Kreissitzungen jede Woche abwechselnd zu führen, und zwar unentgeltlich. Das von ihnen geführte Tagebuch unterliegt außerdem der Zensur eines Kollegiums von 32 Abgeordneten; es soll auch im Druck erscheinen. Dieser letztere Beschluß allerdings ließ sich nicht durchführen. Die Drucklegung scheiterte daran, daß die Kreissitzungen keine offizielle Einrichtung waren. Die Drucklegung wurde zwar von der Regierung nicht verboten; aber es fand sich kein Drucker, der den Druck übernehmen wollte. Er hätte dadurch nämlich sein Privilegium, das er von der Regierung erhalten hatte, gefährdet. So blieb also das Tagebuch der Kreissitzungen des Landtages 1843/44 ungedruckt; handschriftlich aber wurde es von den sechs Redaktoren — unter der Kontrolle der 32 Zensoren — hergestellt; es ist von Henszlmann offenbar für die Berichte in seiner Zeitschrift benutzt worden und vielleicht heute noch vorhanden.

Einfacher steht es mit der Berichterstattung über die Reichssitzungen der Ständetafel; denn sie waren ja offizieller Natur. Im Mai 1843 übernahm der Stenograph Karl Hajnik die Berichterstattung über sie (gegen ein Gehalt von 600 Gulden monatlich). Das Tagebuch der Reichssitzungen unterliegt gleichfalls der Kontrolle einer Zensurkommission aus Mitgliedern des Hauses; es erschien im Druck. Doch erfolgte der Druck ziemlich langsam, oft erst zwei bis drei Wochen nach den Debatten; er scheint auch wenig ins Publikum gedrungen zu sein.

Die Magnaten haben nur eine Form der Tagung. Etwas, was den Kreissitzungen der Ständetafel entsprochen hätte, kannten sie nicht; sie traten nur zu Reichssitzungen zusammen. Die Berichterstattung erfolgt in der Weise, daß — wie in den Reichssitzungen der Ständetafel — ein Stenograph die Verhandlungen nachschreibt. Das Tagebuch wird — unter

Prüfung durch eine Zensurkommsision — gedruckt. Der Landtag 1843/44 war der erste, der das Tagebuch der Magnatentafel drucken ließ.

Demnach stehen also für den Landtag 1843/44 folgende amtliche Berichte zur Verfügung:

1. das handschriftliche Tagebuch der Kreissitzungen der Ständetafel (falls es noch heute vorhanden ist);
2. das gedruckte Tagebuch der Reichssitzungen der Ständetafel;
3. das gedruckte Tagebuch der Sitzungen der Magnatentafel.

Den beiden letztgenannten Tagebüchern liegt die vollständige Nachschrift des Stenographen zugrunde. Wie weit die Zensur, die aber in den Händen von Landtagsmitgliedern lag, Streichungen und Änderungen vorgenommen hat, wissen wir nicht. Jedenfalls aber besteht die Möglichkeit, da viele Einzelheiten unverändert übernommen sind, daß hier auch Lists Name in den Debatten über Handel und Industrie, über Eisenbahnen und Zölle genannt wird, und zwar in den Tagebüchern beider Häuser.

Außer den angeführten Sitzungen gab es noch eine vierte Form der Sitzungen: die gemischten Reichssitzungen. Das sind die Sitzungen, in denen die Magnatentafel und die Ständetafel gemeinsam tagen. Die Sitzungen hatten aber nur zeremoniellen Charakter; Debatten fanden hier nicht statt. Sie kommen also für uns — auf der Suche nach Erwähnungen von Lists Namen — kaum in Betracht.

Außer über die amtlichen Berichte in den „Tagebüchern" müssen wir uns aber noch über die Berichte in den Zeitungen orientieren. Wie wurde die Berichterstattung in der Presse damals gehandhabt? Auch darüber unterrichtet Henszlmann seine deutschen Leser[1]).

Es gibt zwei Arten von Zeitungen: Manuskript-Zeitungen und gewöhnliche, d. h. gedruckte Zeitungen.

Der Erfinder der Manuskript-Zeitung, wenigstens ihrer Benutzung für Parlamentsberichte, ist Kossuth. Während des langen Landtages 1832/36 gab er eine solche Zeitung heraus, um in ihr, unabhängig von der Zensur, über die Landtagsverhandlungen, und nur über sie, berichten zu können. Es geschah zweimal wöchentlich, ausführlicher oder kürzer, je nach dem Interesse, das die Debatten darboten. Eine solche Zeitung kann natürlich nur auszugsweise berichten; auch kommt ihr Preis, da jedes Exemplar eigens abgeschrieben und durch die Post expediert werden muß, so hoch zu stehen, daß nur wenige Privatleute imstande sind, sie zu halten. Auf dem Landtag 1843/44 (Kossuth war seit dem 1. Januar 1841 Redakteur einer Tageszeitung, des Pesti Hirlap) gab Aloys Záborsky eine solche Landtagszeitung heraus.

Außer der Manuskriptzeitung sind als eine spezifisch ungarländische Quelle auch die Berichte („Relationen") zu beachten, die die Deputierten

[1]) A. a. O. S. 4.

ihren Kommittenten erstatteten. List selbst erwähnt diese „merkwürdigen Denkmale" in den handschriftlichen Notizen, die er sich während seines Aufenthaltes in Ungarn gemacht hat (Reutlinger List-Archiv, Fasc. XXXIV 26). Auch in diesen „Relationen" können sich Spuren von der Einwirkung Listscher Gedanken auf die Landtagsverhandlungen finden.

Die gedruckten Zeitungen unterlagen — im Unterschied von der Manuskript-Zeitung — der Zensur. Die Zensur legte ihnen manche Hemmung auf. Vor allem durften die öffentlichen Zeitungen in ihren Berichten aus dem Landtag die Namen der Redner nicht nennen, sie auch nicht durch die Erwähnung des Komitats, das sie vertraten, kenntlich machen. Dies Verfahren erschwerte natürlich das Verständnis der mitgeteilten Reden und Aussprüche außerordentlich. Dazu kam, daß die Zensur nach Belieben Streichungen vornahm; ihr fielen besonders die schärferen Ausdrücke und schrofferen Äußerungen zum Opfer.

Aber bei aller Unvollkommenheit — die Art der Berichtererstattung war, verglichen mit den früheren Zuständen, doch ein bedeutender Fortschritt. Nach dem Reichstag 1839/40 nämlich hatte die Regierung die Fesseln der Zensur gelockert und den Zeitungen größere Bewegungsfreiheit gestattet. Sie hatte genehmigt, daß Kossuth die Redaktion des „Pesti Hirlap" übernahm. Diese freiere Bewegung kam nun auch den Berichten, welche die Zeitungen über die Landtagsverhandlungen brachten, zugute[1]). Das „Pesti Hirlap" (in Pest) und der „Hirnök" (in Preßburg) konnten jetzt (1843/44) — trotz der Zensur — ausreichend detaillierte Berichte von den Verhandlungen bringen. Das war von großer Einwirkung auf die politische Erziehung des Volkes. Durch die Veröffentlichung der Landtagsdebatten nahm die ganze Nation, soweit sie wollte, teil an den öffentlichen Angelegenheiten, begleitete mit Aufmerksamkeit die Entwicklung derselben, berechnete, kontrollierte; „über die öffentlichen Angelegenheiten verbreitete sich ein immer größeres Licht".

Es wäre also die Aufgabe, festzustellen, ob und wie weit die Landtagsberichte dieser Zeitungen bei den Verhandlungen über Handel und Industrie, über Eisenbahnen und Zölle den Namen Lists ausdrücklich nennen oder doch erkennen lassen, daß die Redner sich auf List stützen und sich Listscher Gedanken bedienen. Ebenso wichtig ist es zu verfolgen, wie weit die Auseinandersetzungen in den Zeitungen und Zeitschriften der Jahre 1842—1844 (bis zum Besuch Lists in Ungarn) über die einschlägigen Fragen der Nationalökonomie unter Berufung auf List geführt werden.

Endlich sind auch andere Quellen heranzuziehen. Die Spuren dieser Auseinandersetzungen im Zeichen Lists werden sich auch in Briefen und

---

[1]) Michael Horváth, *Fünfundzwanzig Jahre aus der Geschichte Ungarns von 1823—1848.* Übersetzt von Joseph Novelli. Leipzig 1867. Bd. II, S. 174f.

anderen Aufzeichnungen von Landtagsmitgliedern und Schriftstellern niedergeschlagen haben.

Den Nachweis im einzelnen zu führen, welche Rolle Lists Name und seine Gedanken in den Debatten des Landtages 1843/44 und in den Auseinandersetzungen der Zeitungen und Zeitschriften der Jahre 1842/1844 gespielt haben, ist eine lohnende Aufgabe für ungarländische Forscher magyarischer und deutscher Zunge. Bis dieser Nachweis im einzelnen geführt ist, muß uns Pulszkys summarisches Zeugnis genügen. Jedenfalls, kein Nationalökonom besaß damals in Ungarn größeres Ansehen als Friedrich List.

Hier ist nun auch der Ort, ein kurzes Wort über die oben erwähnte Vierteljahrsschrift aus und für Ungarn und ihre Stellung in der Zeitschriften-Literatur anzufügen.

3.

Die Vierteljahrsschrift aus und für Ungarn ist selbst eine charakteristische Erscheinung der Zeit: in deutscher Sprache soll sie die Interessen Ungarns, genauer: des Magyarentums vertreten. Die Magyaren haben schon früh die Bedeutung der Propaganda erkannt. Wollten sie ihre Forderungen durchsetzen, so mußten sie sie der europäischen Öffentlichkeit bekannt und plausibel machen. Das geschah am besten in deutscher Sprache. Und so blühte denn eine magyarische Broschüren-Literatur in deutscher Sprache auf, die zum großen Teil in Leipzig, der Zentrale des deutschen Buchhandels erschien. Die Verlage von Otto Wigand und Georg Wigand sind besonders daran beteiligt. Es würde sich lohnen, diese Literatur einmal einer genaueren Betrachtung zu unterwerfen.

In diesen Zusammenhang also gehört auch die Vierteljahrsschrift aus und für Ungarn. Die eingehende Unterrichtung des Publikums über die Landtagsverhandlungen fand nur in magyarisch geschriebenen Zeitungen statt. Die deutsche Bevölkerung Ungarns hatte kein Blatt, das ähnliches tat; sie war daher nicht imstande, den Gang der Landtagsverhandlungen zu verfolgen. Hier sollte nun die neue Vierteljahrsschrift eingesetzt werden. Sie sollte allen Deutschen dienen: den ungarländischen Deutschen und den Deutschen in Deutschland, und beide für die Sache des Magyarentums gewinnen.

Das Geld für die Zeitschrift kam aus der Bewegungspartei, deren Gedanken sie vertrat, also aus der ungarischen Opposition. Einer der oppositionellen Magnaten könnte die Mittel für sie ausgeworfen haben, etwa Graf Kasimir BATTHYÁNY, von dem es überliefert ist, daß er für solche

Zwecke eine offene Hand hatte[1].) Henszlmann war für eine solche Aufgabe besonders geeignet. Er war als Deutscher geboren, hieß ursprünglich Henselmann, hatte seine schriftstellerische Laufbahn als deutscher Dichter mit der historischen Tragödie Brutus und die Tarquinier (Pest 1837, Verlag Gustav Heckenast) begonnen; nun aber war er von der magyarischen Bewegung ergriffen und trat selbst — als Henszlmann — in sie ein.

Wenn seine Zeitschrift nur ein kurzes Leben hatte[2]) und sie nicht einmal das Ende des Reichstags (November 1844) erlebte, so liegt das offenbar daran, daß sie gleichzeitig sich an ungarländische und deutschländische Leser wandte und nicht erkannte, daß das in Wirklichkeit zwei ganz verschiedene Interessentenkreise sind. Die Vierteljahrsschrift erschien im Ausland, in Leipzig; sie dürfte also nicht viele ungarländische Leser gehabt haben. Sie berichtete mit Eifer und Hingebung von den Landtagsverhandlungen, namentlich von den Verhandlungen der Ständekammer; aber sie berichtete mit solcher Ausführlichkeit, als hätte sie nur Leser vor sich, die sich für ganz interne ungarische Einzelheiten begeisterten. Das mußte deutschländische Leser abschrecken. Sie dürfte nur wenig Abonnenten gewonnen haben. So ging sie bald wieder ein. Aber für uns ist sie eine wertvolle Informationsquelle geworden[3]).

Kapitel II.

Um das Verhältnis Ungarns zum Zollverein.

1.

Lists Werk war speziell für deutsche Verhältnisse geschrieben. List wollte ja nicht zeigen, wie das gesamte menschliche Geschlecht zu Wohlstand gelangen könne, sondern er beschränkte sich bewußt (in der Beschränkung zeigt sich der Meister) auf die Aufgabe, zu zeigen: wie eine gegebene Nation unter den gegebenen Verhältnissen durch Ackerbau, Industrie und Handel zu Wohlstand, Zivilisation und Macht gelange (S. 183, 184).

Aber natürlich steht in dem Buch auch manches, was für Angehörige anderer Länder Bedeutung hat. Denn auch sie treiben Ackerbau, Industrie

---

[1]) Meyers Konversations-Lexikon, 8. Auflage. Bd. II (1906), S. 449: ,,Freigebig unterstützte er alle nationalen Unternehmungen, besonders den Druck liberaler ungarischer Schriften im Ausland, und veröffentlichte selbst einige seiner Reden.''

[2]) Von ihr ist nur ein Jahrgang erschienen, dessen Erscheinen sich über zwei Jahre verzögerte. Vgl. J. v. Farkas, *Deutsche Zeitschriften der Ungarnkunde.* Ung. Jb. Bd. XI.

[3]) Vgl. z. B. das Verzeichnis der Mitglieder der Ständetafel, 1843. III, 1, S. 9—12, aus dem wir die personelle Zusammensetzung dieser Tafel ersehen; die entsprechende Übersicht über die personelle Zusammensetzung des Magnatenhauses fehlt.

und Handel; oder, wenn ein gegebenes Land infolge der gegebenen Verhältnisse noch auf einem der drei Gebiete im Rückstand ist, sie können wenigstens damit beginnen. Denn für alle gilt der grundlegende Gedanke Lists: zur vollen wirtschaftlichen Entwicklung kommt ein Land erst dann, wenn es über den Ackerbau, und mag er noch so blühend sein, hinauskommt; die Erzeugung von Agrarprodukten allein genügt nicht, es ist auch eine Industrie nötig, die Manufakturwaren herstellt, und ein Handel, der die Agrar- und Manufakturwaren verkauft und andere Waren dafür einkauft. Erst der dreieinige Agrikultur-, Industrie- und Handelsstaat bringt den Wohlstand eines Landes zur Blüte.

Ungarn war bisher fast ausschließlich Agrarland gewesen. Nun kam List und verkündete die Lehre vom Agrar-, Industrie- und Handelsstaat. Sie schlug in Ungarn ein wie der Blitz. Fortan warf sich ganz Ungarn auf diesen Gedanken: ist für den Wohlstand eines Landes eigene Industrie, ist eigener Handel nötig, so müssen auch wir Ungarn eine ungarische Industrie und ungarischen Handel haben. Wie rufen wir sie am schnellsten ins Leben?

Ungarn stand damit vor derselben Frage, die List an Deutschland stellte: wie gelangt eine gegebene Nation (das heißt hier: die ungarische Nation) unter den gegebenen Verhältnissen durch Ackerbau, Industrie und Handel zu Wohlstand, Zivilisation und Macht? An dieser Listschen Fragestellung lernte Ungarn nationalökonomisches Denken[1]). Von List stammt der wirksame Impuls, sich mit der Schaffung einer ungarischen Industrie zu befassen.

Die „gegebenen" Verhältnisse waren natürlich für Ungarn und Deutschland verschieden. Darum können auch die Wege, die beide Länder einschlagen, verschieden sein. Aber auch dann, wenn wirklich verschiedene Wege eingeschlagen werden, geht doch der entscheidende Anstoß von List aus.

Welche Stellung kommt nun der neu zu schaffenden ungarischen Industrie zu? Wie ist sie in die gegebenen Verhältnisse einzugliedern? Und wie beantwortet List, wie beantworten die Sachverständigen Ungarns diese Frage? Das ist mit aller Schärfe ins Auge zu fassen. Haben beide dieselbe Meinung oder fassen sie die „gegebenen" Verhältnisse verschieden auf?

2.

Hier gesellt sich zu dem allgemeinen Gedanken vom Agrikultur-, Industrie- und Handelsstaat bei List noch ein zweiter Gedanke: der Ge-

[1]) Diese Fragestellung ist in Ungarn zuerst von Graf Stefan Széchényi aufgeworfen worden, der seit 1830 in zahlreichen Werken unermüdlich bestrebt war, sein Volk

danke vom **Wirtschaftsraum**. Die wirtschaftliche Entwicklung eines Landes ist abhängig von seiner Lage, ist abhängig von dem Wirtschaftsraum, zu dem es geographisch gehört. Auf Deutschland angewendet, heißt das: auf dem europäischen Kontinent (das Inselreich England nimmt eine besondere Stellung für sich ein) gibt es drei Gebiete, die eine wirtschaftliche Einheit bilden oder doch bestimmt sind, je ein wirtschaftlich einheitliches Gebiet zu werden: Osteuropa, Westeuropa und zwischen beiden die Länder der europäischen Mitte. Diese drei Gebiete sind noch nicht klar von einander abgegrenzt. Ja, bei der politischen Schwäche der Mitte versucht sowohl der Osten wie der Westen, auf die Mitte überzugreifen. Diesen Übergriffen ist entgegenzuwirken. Das erste und wirksamste Mittel dazu ist die wirtschaftliche Einigung der Länder der Mitte; ihr wird die politische Erstarkung folgen.

Mag über die Abgrenzung im Einzelnen noch manches zweifelhaft sein, zu welchem Wirtschaftsraum Deutschland gehört, ist keine Frage mehr; es gehört zur europäischen Mitte.

Aber zu welchem der Wirtschaftsgebiete gehört **Ungarn**? Was sagt List, was sagen die Nationalökonomen Ungarns darüber?

Für List besteht kein Zweifel: auch Ungarn gehört, wie die Verhältnisse gegeben sind, zur europäischen Mitte. Seine werdende Industrie hat sich also in die Gegebenheiten Mitteleuropas einzufügen.

Die europäische Mitte ist einstweilen noch unfertig; seine Länder bilden durchaus noch nicht ein einheitliches Wirtschaftsgebiet; aber was nicht ist, kann nicht bloß werden, es muß werden. Einstweilen gibt es in diesem Raum noch mehrere Wirtschaftskörper. Die beiden wichtigsten sind: der Deutsche Zollverein (unter Preußens Führung) und das Kaisertum Österreich. Von den kleineren Wirtschaftskörpern sind vor allem die deutschen Länder an der Nordsee wichtig (die Hansestädte Hamburg, Lübeck, Bremen, das Königreich Hannover, das Großherzogtum Oldenburg und das Herzogtum Holstein), wichtig eben als Anlieger der Nordsee, zu der der Zollverein ihretwegen noch keinen Zutritt hat. Sie müssen erkennen, daß sie mit den übrigen deutschen Ländern wirtschaftlich zusammengehören, und in dieser Erkenntnis werden sie in absehbarer Zeit, wie zu hoffen ist, ihre wirtschaftlichen Interessen gemeinsam regeln und sich dem Zollverein anschließen. Einstweilen ist es noch nicht soweit.

Am weitesten auf dem Wege zur wirtschaftlichen Einheit vorgeschritten sind die Länder des Zollvereins; unbeschadet ihrer politischen Grenzen bilden sie schon jetzt ein einheitliches Wirtschaftsgebiet. Das Kaisertum Österreich dagegen, das wir vorhin als den zweiten großen Wirtschaftskörper in

---

zu national-ökonomischem Denken zu erziehen. So ist auch der warme Empfang der Listschen Ideen zu verstehen. Die Schriftleitung.

Mitteleuropa bezeichneten, ist, wie sich bei näherem Zusehen ergibt, noch keine wirkliche wirtschaftliche Einheit; denn es wird durch eine innere Zollgrenze in zwei verschiedene Teile zerlegt: die österreichischen Erbländer auf der einen, Ungarn auf der andern Seite. Diese innere Zollgrenze ist von Übel, sie muß fallen, je schneller, je besser. Das ist der erste Schritt.

Sobald das Kaisertum ein einheitliches Wirtschaftsgebiet geworden ist, kann der zweite Schritt getan werden: die Annäherung der Zollgesetzgebung in den beiden wirtschaftlichen Großräumen (dem Zollverein und der Donaumonarchie). Schließlich kann dann auch der dritte und letzte Schritt geschehen: die Aufhebung der Zollgrenze zwischen dem Zollverein und dem Donaureich. Einstweilen ist das freilich noch Zukunftsmusik; aber man darf dies Ziel doch schon jetzt ins Auge fassen. Die wirtschaftliche Einigung von ganz Mitteleuropa im Zollverein ist sonst nicht zu erreichen. Sie ist nicht imperialistisch gedacht, sondern föderativ. Ein Bund von politisch selbständigen Staaten wird sich einem einheitlichen Wirtschaftsgebiet zusammenschließen. Auf dem Boden dieses wirtschaftlichen Großraumes wird auch Ungarn eine ungeahnte wirtschaftliche Blüte erreichen.

Soweit List. Und die allgemeine Zeitung, selbst mitteleuropäisch gesinnt, gab seinen Gedanken weite Verbreitung.

3.

Und die Nationalökonomen Ungarns? Teilten sie Lists Meinung? Zu dieser wichtigen Frage ergriff Ludwig Kossuth, der journalistische Wortführer der ungarischen Opposition, das Wort. In seiner Zeitung, dem Pesti Hirlap (Pester Zeitung), die er vom 1. Januar 1841 bis zum 30. Juni 1844 redigierte und mit der er einen ungeheuren Einfluß auf die öffentliche Meinung Ungarns ausübte, erörterte er in einer Serie von acht Artikeln die Frage der Stellung Ungarns zum Zollverein. Die Frage beschäftigte die Gemüter so sehr, daß die Aufsätze sogleich ins Deutsche übersetzt und als selbständige Broschüre in deutscher Sprache herausgegeben wurden. So konnten sie auch in Deutschland, konnten insbesondere von List selbst gelesen werden. Die Broschüre (eine magyarische Ausgabe dieser Artikelserie ist nicht erschienen) erschien unter dem Titel: Ungarns Anschluß an den deutschen Zollverband. Votum von Ludwig von Kossuth. Aus dem Ungarischen des „Pesti Hirlap" (Pester Zeitung) übertragen von G. St. Leipzig 1842: Wilhelm Einhorn. 58 Seiten[1]).

---

[1]) Hinter den Anfangsbuchstaben G. St. verbirgt sich offenbar Gustav Steinacker, der auch sonst dem deutschen Publikum manches Magyarische vermittelt hat. Damals stand er der ungarischen Opposition näher als in späteren Jahren.

Kossuth war seinem Wesen nach nicht Nationalökonom, sondern Politiker. So ist denn auch sein Votum zu dieser Frage letzten Endes nicht wirtschaftlich, sondern politisch begründet.

Auch Kossuth akzeptiert Lists Gedanken vom Agrikultur-, Industrie- und Handelsstaat als allgemeingültig. „Die Wahrheit dessen wird niemand in Abrede stellen können, daß im Verhältnis zu der hohen Stellung eines gewerbetreibenden Volkes jedes Land in niedriger Unbedeutendheit verharrt, welches nur rohe Produkte verhandelt" (Seite 5). Um aus dieser „niedrigen Unbedeutendheit" sich zu erheben, muß also Ungarn sich eine Nationalindustrie anschaffen. Darin ist Kossuth mit List und seinen Anhängern ganz einig.

Aber welches ist für Ungarn der beste Weg, um zu einer Nationalindustrie zu gelangen? — Hier scheiden sich die Wege. Den Eintritt Ungarns in den Zollverein lehnt Kossuth kategorisch ab; aber er wünscht eine Ausgestaltung der Handelsbeziehungen mit dem Zollverein.

Und Kossuths Gründe? — Die relativ geringe Volkszahl der Magyaren. Die Bevölkerung des Zollvereins (des schon bestehenden wie des durch den Eintritt der Donauländer erweiterten) besteht ganz überwiegend aus Deutschen. Neben ihnen verschwindet die Zahl der Magyaren, der Hauptträger des ungarischen Staates. Der Zahl der Deutschen gegenüber „ergreift uns das Gefühl unserer eigenen Winzigkeit, das auf unserer schweren Laufbahn so oft die Feder in unserer Hand zittern macht, lebhafter als jemals" (Seite 17). Die Gefahr, die von den Deutschen ausgeht, ist um so größer, als auch in Ungarn selbst ein deutsches Bevölkerungselement vorhanden ist, als gerade die Bürgerschaft der Städte, die bestimmt ist, Träger der ungarischen Industrie zu werden, zum erheblichen Teil damals noch deutsch ist. Zwar hat bei ihr der Magyarisierungsprozeß schon eingesetzt. Wenn sie aber jetzt mit den außerungarischen Deutschen, den Deutschen des Zollvereins, in Verbindung tritt, so besteht die Gefahr, dieser Prozeß könne ins Stocken geraten, das deutsche Bürgertum könne wieder erstarken. Dann aber könnte „kein Gott den Ungar vor der Gefahr, absorbiert zu werden, retten" (Seite 24).

Aus dieser innersten Sorge seines Herzens heraus lehnt Kossuth den Anschluß Ungarns an den Zollverein a limine ab. Die wirtschaftlichen Erwägungen, die auch nicht ganz fehlen, haben daneben nur sekundären Wert. Sie besagen erstens: der Anschluß würde das Aufkommen einer bodenständig ungarischen Industrie nur erschweren, weil die Zollvereinsindustrie der erst im Entstehen begriffenen ungarischen Industrie zu sehr überlegen wäre. Und zweitens: der Anschluß wäre für den Absatz der ungarischen Agrarprodukte hinderlich; Ungarn würde sich dadurch von allen andern Märkten ausschließen, namentlich von England.

Dagegen ist, und hier stimmt Kossuth vollkommen mit List überein, eine engere Verbindung Ungarns mit den übrigen Ländern Österreichs wünschenswert. Sie bringt Ungarn den Vorteil der Zugehörigkeit zu einem größeren Wirtschaftsgebiet, ohne daß dadurch die nationale Existenz des magyarischen Volkes gefährdet würde. Denn „die österreichischen Staaten sind ein Aggregat der verschiedensten Nationalitäten. ... Diese Verbindung wird keine nationale Grundlage haben wie die des deutschen Zollvereins" (Seite 45). Auch in dieser Verbindung kann das magyarische Volk seine große Aufgabe erfüllen: die eigene Nationalität zu entwickeln, auszubreiten und zu befestigen, und den magyarischen Mittelstand, der einstweilen noch fehlt, als Träger der ungarischen Nationalindustrie zu schaffen — zu schaffen nämlich durch die Magyarisierung des deutschen Bürgertums der ungarländischen Städte (Seite 47. 48).

Dann würden in Mitteleuropa zwei große Wirtschaftskörper nebeneinander bestehen: der Zollverein und die Länder der österreichischen Monarchie mit Einschluß Ungarns. National gesichert und wirtschaftlich gefördert, könnte Ungarn dann unbedenklich an dem regeren Handelsverkehr mit dem befreundeten Zollverein sich beteiligen.

Kossuth bekennt sich hier also zu dem Gedanken der Zollunion zwischen Ungarn und den übrigen Ländern Österreichs. Er verlangt — ebenso wie List — die Aufhebung des Zwischenzolls. Und in dieser Forderung war er mit der gesamten ungarischen Opposition einig. Der Zwischenzoll, das war die allgemeine Überzeugung der Opposition, wirke nur zu Österreichs Gunsten; er hemme die Entstehung einer ungarischen Industrie; darum: fort mit ihm!

Es bestand also durchaus kein absoluter Gegensatz zu List. Kossuth teilt nicht nur dessen Lehre vom Agrar-, Industrie- und Handelsstaat, er ist mit ihm auch einig in der Ablehnung des Zwischenzolls und der Forderung, die Donaumonarchie zu einem einheitlichen Wirtschaftskörper zu machen. Der Unterschied ist nur der: Kossuth betrachtet das Nebeneinander der beiden Wirtschaftskörper (des Zollvereins und der Donaumonarchie) als ein Definitum, List wünscht für eine spätere Zeit auch deren wirtschaftliche Einigung, ist sich aber bewußt, daß die Zeit dafür noch nicht gekommen ist. So kann denn List Kossuths Broschüre achtungsvoll besprechen[1]; er begrüßt sie als die Äußerung „eines der ersten politischen Talente Ungarns", und er hält sie für so wichtig, daß er ihr — zur „Entwicklung unserer entgegenstehenden Ansichten" einen eigenen Aufsatz widmen will. Bei der Ausführung wurden dann sogar zwei Aufsätze daraus (Zollvereinsblatt 1843, Nr. 15, 16 und Nr. 18—20)[2]. Beide Aufsätze tragen denselben Titel

[1]) Zollvereinsblatt 1843, S. 79. 80.

[2]) Werke VII, 186—192. 192—205.

Österreich und der Zollverein (Ungarn ist ja ein Teil des Kaisertums Österreich), der zweite führt außerdem den Untertitel Über die Zollvereinigung der österreichischen Provinzen mit Ungarn. Er ist der wichtigste. In ihm setzt sich List ausführlich mit dem österreichischen Zwischenzoll auseinander. Er tut es auf echt Listsche Weise.

4.

Den Gedanken des Eintritts der Gesamtmonarchie in den Zollverein berührt List hier nur flüchtig; natürlich positiv. Durch ganz Deutschland sei die Meinung verbreitet, „daß nicht bloß der Anschluß der norddeutschen Staaten und Städte, sondern auch der von Österreich erfolgen müsse, wenn der Zollverein kein Stückwerk bleiben soll" (Zollvereinsblatt 1843, S. 225). Im Augenblick freilich wäre eine Union verfrüht; Erörterungen darüber wären Zeitvergeudung. Aber man kann bereits die Zukunft vorbereiten durch Annäherung der beiden Handelssysteme. Die Voraussetzung dafür, wir wissen es schon, ist die wirtschaftliche Einigung der Donaumonarchie, also die Aufhebung des innerösterreichischen Zwischenzolls. Ihr ist der zweite Aufsatz gewidmet.

List ist mit Kossuth und der ungarischen Opposition darin einig: der Zwischenzoll muß beseitigt werden. Gleichwohl urteilt er über den Zwischenzoll ganz anders als Kossuth.

Kossuth und mit ihm die gesamte Opposition sieht in dem Zwischenzoll die Wurzel alles Übels. Man beseitige ihn, und die ungarische Industrie wird aufblühen.

List teilt den Glauben an dies oppositionelle Allheilmittel nicht. Er beurteilt die Sache entwicklungsgeschichtlich. Gewiß, der Zwischenzoll ist vom Übel; aber die Quelle des Übels ist er nicht, die liegt tiefer. Der Hauptgrund für die Schwäche der ungarischen Wirtschaft liegt nicht im Verhalten der Reichsregierung und in deren Zollpolitik, sie liegt vielmehr in Ungarn selbst, nämlich in der Unfertigkeit der dortigen Verhältnisse. „Die Hauptursachen des Nichtaufkommens der ungarischen Industrie liegen so wenig als die Hauptursachen des Nichtaufkommens der ungarischen Agrikultur in dem österreichischen Handelssystem oder in der Zwischen-Douane, sie liegen in den inneren politischen und sozialen Verhältnissen des Landes" (Seite 294). Die Frage des Zwischenzolls ist nur eine Frage von untergeordneter Bedeutung. „Möge man die Zwischen-Douane bestehen lassen oder aufheben, geht man nicht an die Quelle des Übels, so wird in keinem Fall für den Wohlstand Ungarns gewonnen oder verloren sein."

Das war allerdings ein völlig neuer Gedanke. – Wenn aber das von der Opposition empfohlene Heilmittel versagt, wie ist dann zu helfen?

Auch darauf weiß List zu antworten: das wirksamste Mittel zur Förderung des ungarischen Wohlstandes ist die Einwanderung; sie bringt

Arbeitskraft und Kapital ins Land. Nur mit ihrer Hilfe ist ein schneller Fortschritt zu erzielen; mit ihrer Hilfe kann er aber wirklich in kurzer Zeit erreicht werden. Was sonst Jahrhunderte brauchen würde, kann man mit ihrer Hilfe in ebenso viel Jahrzehnten erreichen. — Grundrente und Produktenpreise würden schnell steigen. Dieser handgreifliche Beweis „würde auch den unwissendsten magyarischen Bauer-Edelmann bald tatsächlich von dem Wert der Einwanderung belehren, und statt Gefühle des Hasses, des Neides und Stammeshochmuts zu nähren, würden sie gleich den Nordamerikanern in Bestrebungen wetteifern, fremde Einwanderer in ihre Nähe zu ziehen" (324). Durchgeführt werden kann eine solche Aktion nur, wenn die führenden heimischen Kreise sie in ihren Willen aufnehmen, vor allem die Gutsbesitzer, die ja dabei am meisten gewinnen. Aber gerade die magyarischen Gutsbesitzer wenden sich gefühlsmäßig gegen die Einwanderung: der starke Zustrom fremden Blutes, der vom magyarischen Volk aufgesogen werden müßte, würde die Reinheit seines Blutes schädigen. Ihr Ideal ist die „unvermischte, reine, große magyarische Nationalität" (325).

Aber was ist damit gewonnen, wenn die magyarische Nationalität zwar rein und unvermischt bleibt, aber verkümmert? Der umgekehrte Weg ist der richtige: man führe dem ungarischen Volke fremde Elemente zu, die es stark und groß machen. Nur dieser Weg führt vorwärts. Es ist nun einmal so, „daß eine gemischte, aber starke Nationalität, in welcher das magyarische Element das vorherrschende ist und bleibt, . . . dem denkenden Magyaren ungleich wünschenswerter erscheinen muß als ein schwaches — mit den übrigen fremdartigen Elementen im ewigen unentschiedenen Kampfe liegendes und durch innere Schwäche und auswärtige Übermacht dem sichern Untergang entgegengehendes reines Magyarentum" (S. 326f.).

Großzügige Einwanderung arbeitskräftiger Menschen — das ist ein wirksameres Mittel als die Aufhebung des Zwischenzolles. Ja, der Zwischenzoll ist nicht einmal so schlimm, wie er gemacht wird; er hat sogar bis zu einem gewissen Grad zugunsten Ungarns gewirkt. Denn „wie die Industrieverhältnisse gegenwärtig stehen, muß offenbar der Zwischenzoll zwischen Österreich und Ungarn, wie ungleich er sei, in manchen Artikeln, z. B. in Wollwaren, praktisch mehr als die völlige Freiheit des Zwischenverkehrs dahinwirken, eine ungarische Industrie ins Leben zu rufen, indem alles, was jetzt der österreichische Fabrikant bei der Einfuhr seiner Tücher nach Ungarn als Zoll zu bezahlen hat, wie wenig es auch sein mag, wie ein Schutzzoll zugunsten der ungarischen Industrie wirkt" (S. 293).

In der Tat ein verblüffender Gedanke: der Zwischenzoll, die Wurzel alles Übels, kann sogar in einigen Fällen eine günstige Wirkung für Ungarn haben. Aber vor allem: wirkliche Förderung der ungarischen Wirtschaft wird am sichersten durch Heranziehung von Menschen, die Arbeitskraft und Kapital ins Land bringen, erreicht.

Diese Gedanken über die Entwicklung Ungarns und des magyarischen Volkes waren nicht bloß flüchtig hingeworfen; sie waren in steter Beschäftigung langsam in List herangereift. Diese seine Gedanken über Ungarns Zukunft bedürfen einer genaueren Betrachtung.

Kapitel III.

Ungarns Zukunft.

Als List sein großes Werk schrieb, hatte er keinen Anlaß, speziell von Ungarn zu sprechen. Er dachte in großen Wirtschaftsräumen. Außerdem war Ungarn wirtschaftlich noch wenig entwickelt. Wie sollte er also dazu kommen, von Ungarn zu sprechen? Aber, wo er von Österreich spricht, ist Ungarn immer mit inbegriffen; Ungarn ist ja ein Teil des Kaisertums Österreich.

Am Schluß des Werkes gab er für Deutschland bereits die Parole aus: laßt eure Auswanderung nicht mehr nach Nordamerika gehen, lenkt sie vielmehr in den Südosten Europas; das wird ihr und euch bekömmlicher sein. Diese Parole fand, besonders im Süden Deutschlands, starke Beachtung. Doch dachte List dabei zunächst nicht an Ungarn, sondern an die Länder an der unteren Donau, d. h. an die Länder, welche sich anschickten, sich von der Herrschaft der Türken zu emanzipieren.

Nachdem aber sein Werk erschienen war, hatte er Anlaß, sein Südost-Programm genauer zu entwickeln. Schon 1840 hatte Kolb ihm in Augsburg einen Magyaren zugeführt, der Süddeutschland bereiste, um die führenden Männer des süddeutschen Liberalismus kennenzulernen: Pulszky. Jetzt, nachdem sein Werk erschienen war, wurde er selbst eine Autorität und mancher Ungar suchte ihn auf, um sich bei ihm Rat zu holen. Auf die lebendigste Weise wurde er so in die Probleme Ungarns eingeweiht, besser als das je durch Bücherstudium möglich gewesen wäre. Ihn fesselten diese Dinge, und er ergänzte das, was er mündlich, unmittelbar von den Lebenden erfuhr, dadurch, daß er die ihm erreichbaren Bücher zum Studium heranzog. So wurde er ein Kenner der ungarischen Dinge, noch ehe er ungarischen Boden betreten hatte.

List begnügte sich aber nicht damit, diese Dinge rezeptiv in sich aufzunehmen; seine schöpferische Phantasie gestaltete daraus ein neues Programm für die Zukunft Ungarns. Es war eine bedeutende Rolle, die er im neuen Europa dem Lande Ungarn, die er insbesondere dem magyarischen Volke zugedacht hatte. Er hat sie ausführlich dargelegt in seiner Broschüre

Die Ackerverfassung, die Zwergwirtschaft und die Auswanderung vom Jahre 1842.

Diese Schrift hatte das Mißgeschick, nur unvollständig bekannt zu werden. Sie erschien zunächst als Aufsatz in der Deutschen Vierteljahrs-Schrift, einer Zeitschrift, die nicht nur vom Cottaschen Verlage herausgegeben wurde, sondern die die ganz persönliche Schöpfung des Inhabers des Verlages, des Freiherrn Georg von Cotta, war[1]). Hier erschien sie im letzten Heft des Jahres 1842. Um aber den Rahmen der Zeitschrift nicht zu sprengen, mußte sie — nach dem Willen Cottas — sich eine bedeutende Kürzung gefallen lassen. Unmittelbar danach erschien die Arbeit auch als selbständige Schrift. Die Zeitgenossen haben sie nur in der gekürzten Form gekannt. Der ursprüngliche Wortlaut wurde erst im Jahre 1928 gedruckt, in der großen Ausgabe von Lists Werken (Bd. V). Wir haben also beide Texte sorgfältig auseinanderzuhalten.

2.

1. Wir gehen von der gekürzten Fassung aus. — Im vorletzten Abschnitt der Schrift[2]) entwickelt List seine Gedanken über die zweckmäßigste Art der Auswanderung; das heißt, da List nicht abstrakte Lehren für eine Allerwelts-Auswanderung gibt, sondern immer konkret, für einen bestimmten „gegebenen" Fall spricht: wie wandern die Deutschen am besten aus? auf welche Weise? und in welches Land?

Die isolierte Auswanderung des Einzelnen, setzt List auseinander, ist immer vom Übel. Sie gibt das einzelne Individuum völlig dem Zufall preis. Vorzuziehen ist gemeinschaftliche Auswanderung; da wird der einzelne von einem größeren Ganzen getragen.

List geht dabei von den Verhältnissen in den Dörfern seiner engeren Heimat Württemberg aus. Dort ist die Lage vielfach so, daß der Grundbesitz in zu kleine Teile zersplittert ist. In dem Dorf leben mehr Menschen, als die Gemarkung ernähren kann; damit die Besitzverhältnisse gesunden können, muß eine größere Zahl von Einwohnern abwandern. Tun sie das nämlich, so können die Zurückbleibenden den Grundbesitz der Abziehenden erwerben; sie vergrößern auf diese Weise ihren Zwergbesitz zu einer Ackerwirtschaft von normaler Größe, die ihren Besitzer nährt.

---

[1]) Vgl. Herbert Schiller, *Georg von Cotta als Politiker*. Der Buchhändler im neuen Reiche. Mai 1940. Gottfried Fittbogen, *Georg von Cotta als nationalökonomischer Verleger*. Ebenda. Februar-März 1941.

[2]) Deutsche Vierteljahrs-Schrift 1842. IV. S. 159—178, Sonderausgabe. In der von Ludwig Häusser herausgegebenen Ausgabe von Lists „Gesammelten Schriften" Bd. II (1850), S. 202—221.

Wird die Auswanderung so zu einer Neugestaltung der Besitzverhältnisse benutzt, so haben gerade die Zurückbleibenden einen großen Gewinn von der Auswanderung. Sie werden daher gern den Abziehenden unter die Arme greifen. Sie werden sich tatkräftig an der Organisierung und Finanzierung der Auswanderung beteiligen. Das kann in verschiedener Form geschehen: die Auswanderung kann ganz auf Rechnung der Gemeinde übernommen werden, oder eine Aktienkompagnie (die der Staat zu beaufsichtigen hätte) übernimmt die Leitung der Auswanderung oder endlich, die Auswanderung findet auf Rechnung des Staates selbst statt. Jedenfalls ist eine Bildung von lebensfähigen Auswanderungsgesellschaften nur mit Hilfe der Heimat möglich. Die Auswandernden selbst treten die Reise gemeinschaftlich an. Schon die Vorbereitungen müssen sie gemeinsam treffen. Nur eine Gemeinschaft kann, was durchaus wünschenswert ist, Vertrauensmänner vorausschicken, die sich an Ort und Stelle begeben und sich über die dortigen Verhältnisse unterrichten.

Am einfachsten läßt sich eine derartige Auswanderung in Europa selbst betreiben, nämlich in den Südosten, längs der Donau. Denn (und damit kommen wir zu unserem Thema) die Auswanderung nach Nordamerika ist, obwohl sie jetzt die übliche ist, für Deutsche nicht ratsam. Dort gehen die Auswanderer ihrem Volke verloren, ohne ihm dafür einen Gegenwert zu schaffen. Für die Deutschen ist vielmehr Ungarn das natürliche Auswanderungsland, denn es ist bequem und billig zu erreichen, viel bequemer und billiger als das ferne Amerika jenseits des Ozeans.

Und nun entwickelt List das Projekt der Einwanderung nach Ungarn im einzelnen. „Die Uferländer der Donau links und rechts von Preßburg bis zu ihrer Mündung, die nördlichen Provinzen der Türkei und die westlichen Ufer des schwarzen Meeres[1]), bieten sie nicht dem deutschen Auswanderer eine Masse unbenützter, aber natürlich fruchtbarer Ländereien? ... Welchen gewaltigen Strom von Macht läßt das südöstliche Deutschland nach dem Ozean fließen! In den Kanal der Donau geleitet, was könnte er wirken? Geringeres wahrhaftig nicht als die Begründung eines mächtigen germanisch- magyarischen östlichen Reiches, einerseits vom schwarzen, andererseits vom adriatischen Meer bespült und von deutschem und ungarischem Geist beseelt. Denn soll die Hohe Pforte fallen (und das wird sie, so gewiß als im Spätjahr die dürren Blätter), wem wird alsdann die Natur diesen Teil ihrer Erbschaft zuerkennen?" Nicht den Italienern, nicht den Franzosen, auch nicht den Russen. „Wem sonst als den Ungarn im Verein mit den Deutschen?"

Und nun malt er die Vision des deutsch-magyarischen Reichs im Osten näher aus.

---

[1]) Sperrungen hier und im folgenden von uns.

Hatte List früher allgemein auf den Südosten hingewiesen und dabei an die unter der türkischen Herrschaft schmachtenden Länder gedacht, so liegt das Schwergewicht jetzt in Ungarn. Ungarn ist die Voraussetzung für alles Weitere. „Ungarn ist für Deutschland der Schlüssel zur Türkei und zur ganzen Levante, zum Orient und zugleich ein Bollwerk gegen nordische Übermacht. Ein freies, bevölkertes, reiches, aufgeklärtes und starkes Magyarenreich vermag nicht nur deutscher Kultur und deutschem Handel und der Überfülle der deutschen Bevölkerung die genannten Länder aufzuschließen; es ist auch durch die Natur gezwungen, für immer und ewig Brüderschaft mit uns zu machen." Dabei müssen die Auswanderer, die mit ihrer Arbeitskraft und ihrem Kapital den Magyaren zu Hilfe kommen, sich so vollständig an die Interessen der Magyaren hingeben, daß sie sich freiwillig magyarisieren.

Die Früchte dieses Zusammengehens der Deutschen mit den Magyaren, ihres Aufgehens im Magyarentum werden die schönsten sein: ein an Quantität wie Qualität gehobenes Magyarentum. „Nicht wohl kann es eine Verbindung geben, von welcher man sich eine schönere Harmonie, reicheren Ehesegen, mehr geistige und materielle Prosperität versprechen dürfte, wie die zwischen den Deutschen und Magyaren. ... Die eine Partei bringt Fruchtbarkeit, produktive Kraft im Ackerbau, in Gewerben und Handel Kapital, Sinn für bürgerliche Ordnung und Einrichtungen, einen hohen Grad von Ausbildung in den Wissenschaften und Künsten und eine reiche Literatur bei; die andere ritterlichen Sinn, kriegerischen Geist, politisches und rhetorisches Talent, feurigen Patriotismus; in ihrer Grundlage ganz vortreffliche Institutionen ... endlich große Massen von Naturfonds. Deutsches Phlegma wird durch ungarisches Feuer belebt, wie dieses durch jenes temperiert werden." Das magyarische Volk wird durch diese Blutmischung an Leistungsfähigkeit gewinnen.

Ebenso wird es an Zahl gewaltig zunehmen. „Deutschland wird jährlich an Ungarn eine halbe Million Menschen abgeben können und gleichwohl seine eigene Bevölkerung bedeutend vermehren. Ungarn mit Transsylvanien wird statt 11 bis 12 mit Leichtigkeit 25 bis 30 Millionen Menschen nähren können."

Einem so gestärkten Volke werden sich auch die anderen Nationalitäten Ungarns anschließen. „Ist Ungarn im Innern gekräftigt und politisch geordnet, ist das magyarische Element mit dem deutschen Ein Herz und Eine Seele, stehen beide in Harmonie mit der königlichen Gewalt, so wird auch das ungarische Slawentum sich zu magyarisieren genötigt sein, und keine Gewalt der Erde wird dann hindern, daß Ungarn seine Macht bis an den Balkan, bis an die Ufer des schwarzen Meeres erstrecke und in die Reihe der ersten Nationen Europas eintrete."

Gegenwärtig aber sind die materiellen Kräfte Ungarns noch unentwickelt. Die Ströme und Flüsse Ungarns sind ungebändigt. Reguliert würden sie die Fruchtbarkeit des Landes bedeutend steigern und zugleich dem Verkehr und Handel dienen. Ackerbau wie Industrie leisten erstaunlich wenig; die Arbeitskraft, welche durch die Freiheit erzeugt wird, schlummert noch.

Hier ist der Hebel anzusetzen: eine politische und eine wirtschaftliche Reform muß kommen. Allerdings fehlt es Ungarn an Menschen und Kapital; aber die kann es auch dem befreundeten Ausland, kann es aus Deutschland erhalten. Willigt Ungarn ein, so wird der Aufschwung sich in schnellem Tempo vollziehen, Ackerbau und Industrie Ungarns werden sich bald auf die Stufe der blühendsten Länder erheben.

Eine große Zukunft ist es, die List hier Ungarn in Aussicht stellt.

2. Das Gesamtbild bleibt dasselbe, aber einzelne Züge desselben werden noch schärfer herausgearbeitet in den Abschnitten der Arbeit, die damals gestrichen werden mußten und die erst jetzt (1928) bekannt geworden sind[1]).

Besonders drei Gedanken sind es, die List da mit Nachdruck entwickelt und die er speziell den Magyaren ans Herz legt.

Der erste Gedanke ist die Notwendigkeit des Wachstums für jedes Volk, das in der Geschichte etwas bedeuten will, und zwar eines starken Wachstums. Die großen Nationen müssen wachsen oder verkümmern. Russen, Engländer, Amerikaner wachsen beständig, insbesondere wächst Rußland in beängstigendem Tempo. Auch für das magyarische Volk ist es eine Lebensfrage, daß es wächst, und zwar schnell wächst. Seine geringe Zahl (für die damalige Zeit gibt die Statistik nur 4—5 Millionen Magyaren an; dabei sind die Magyaren Siebenbürgens, das ein eigenes Kronland war, schon mitgezählt), die sich noch dazu kaum merkbar vermehrt, ist eine wirkliche Gefahr für seinen Bestand; um so mehr, als auch im Lande selbst noch andere Nationalitäten neben den Magyaren wohnen, vor allem die Slawen. „Unter solchen Umständen mag das magyarische Element imstande sein, sich als herrschendes Volk noch eine Zeitlang zu behaupten; damit ist man aber noch nicht imstande, eine große Nationalität zu stiften, jedenfalls keine, die ihren zivilisierenden Arm noch über weite auswärtige Länder auszustrecken, und am allerwenigsten eine, die mit benachbarten Riesenmächten zu rivalisieren und sie in Schranken zu halten vermag." Also

---

[1]) Werke Bd. V, S. 492—530. Die 1842 gestrichenen und 1928 wieder hergestellten Stellen sind im einzelnen: S. 495 Anmerkung 1; S. 495 Anmerkung 2. Stehen geblieben ist 1842 nur der Hinweis auf die Stelle, wo das Zitat aus Justus Möser gedruckt ist: Patriotische Phantasien I T, S. 349. S. 500 m — 502 m. S. 502 u — 504 o. S. 504 Anmerkung S. 505 o — 514 u. S. 516 u — 519 m. Die letzten wiederhergestellten Stellen (S. 524 m — u, 525 o — 526 m, 529 m — 530 o) betreffen nicht mehr Ungarn.

schon um der ungarländischen Slawen willen, noch mehr um Rußlands willen muß das magyarische Volk schnell zunehmen. Seine Führer aber sind blind gegen diese Gefahr.

„Die Leiter der Magyaren trösten sich mit dem Gedanken, ihre Nation werde im Lauf der Zeit an Zahl zunehmen und auch sie werde nach und nach vom Geist der Produktion ergriffen werden." Aber das geht zu langsam; es wird viele hundert Jahre dauern, „bis sie durch sich selbst auf diesen Punkt zu kommen vermögen", Rußland wird bis dahin zwei- und dreimal mächtiger geworden sein; das slawische Element in Ungarn selbst wird mindestens ebenso schnell zunehmen wie das magyarische, vielleicht noch schneller. Daher ist bei den zwischen den ungarländischen Slawen und „der fremden Übermacht" bestehenden Sympathien der Untergang des magyarischen Elements zu befürchten." Was also ist in dieser gefährlichen Lage zu tun? — Man muß Einwanderer ins Land holen und auf diese Weise die Volkszahl mit der gebotenen Schnelligkeit vermehren".

Diese Einwanderer aber (und das ist der zweite Gedanke, den List besonders betont) müssen sich vollkommen an die neuen Verhältnisse hingeben, sich dem herrschenden Volke einfügen, das heißt: sie müssen sich magyarisieren. „Ungarn muß ... Ungarn bleiben — die ungarische Nation eine magyarische, und wer sich unter den Magyaren niederlassen will, muß sich dem Magyarentum anschließen."

Endlich berührt er noch einen heiklen Punkt, das ist die Eifersucht, die zwischen der ungarischen Nationalpartei und der (dem Deutschtum angehörenden) Reichsregierung besteht. Sie ist nicht zu leugnen; aber (und dies ist der dritte Gedanke, auf den er besonderen Wert legt) sie ist nicht nötig. Sie kann überwunden werden, denn zwischen Nationalpartei und Reichsregierung besteht kein grundsätzlicher Gegensatz. Beide Parteien müssen sich nur dessen bewußt werden; sie müssen Hand in Hand gehen und gemeinsam den Fortschritt des Landes betreiben. Wieder bewährt List hier seine Gabe, die scheinbar widerstreitenden Interessen zu versöhnen, Dissonanzen in Harmonien umzuwandeln und von höherer Warte aus die Dinge genetisch zu sehen. „Fortschritt" ist das Wort, vor dem die Regierenden eine Gänsehaut bekommen; aber sie müssen sich das abgewöhnen. „Ungarn von dem Fortschritt abzuhalten, nachdem es in der Reform schon so weit vorgerückt ist, wäre vergebliches Bemühen." Auch die Regierung muß den Fortschritt wollen, den die ungarische Nationalpartei betreibt. Der ungarische Nationalgeist ist so wenig ein Übel, welches bekämpft werden muß, daß die Regierung selbst diesen Nationalgeist hervorrufen müßte, wenn er nicht schon da wäre. „Denn nur eine freie, in materiellem Wohlstand hoch aufstrebende ... Nation" wird mächtig genug dazu, ihre Aufgabe zu erfüllen und hier speziell dem übermächtigen Rußland die Wage zu halten. Politische Freiheit, das heißt für List konkret gesprochen: die verfassungsmäßige Monarchie ist die Voraussetzung dafür, daß eine Nation wirklich ihre Kräfte entfalten kann.

3.

List nimmt also der ungarischen Entwicklung gegenüber eine ganz besondere Stellung ein. Er identifiziert sich mit keiner der vorhandenen Richtungen, er geht seinen eigenen Weg.

Dabei hat er weitgehendes Verständnis für die verschiedenen einander widerstrebenden Kräfte, politisch bekennt er sich zur Freiheit; erst ein vom mittelalterlichen Feudalwesen befreites Volk, das in einem wirklichen Rechtsstaat lebt, kann seine wirtschaftlichen Kräfte entfalten. Von hier aus mußte er den Bestrebungen der ungarischen Opposition, Ungarn in einen modernen Rechts- und Verfassungsstaat umzuwandeln, Sympathie entgegenbringen. Ebenso mußte ihn das nationale Streben des magyarischen Volkes sympathisch berühren. Er hat nie versucht, die anderen Nationalitäten Ungarns gegen die Magyaren auszuspielen, wie das später, als die Regierung wirklich die Kolonisierung Ungarn ins Auge faßte, vor allem Gustav Höfken, der Mitarbeiter des österreichischen Ministers Karl von Bruck, versuchte[1]). List hat immer die Hegemonie der Magyaren anerkannt, bis zu dem Grad, daß er nichts gegen die Magyarisierung der Nationalitäten, mit Einschluß der Deutschen, einzuwenden hatte.

Wirtschaftlich bekennt er sich zu der Notwendigkeit großer Wirtschaftsgebiete; das heißt zunächst: zur Herstellung eines wirtschaftlich wirklich einheitlichen Gesamt-Staatsgebietes der Donaumonarchie. Auch in diesem Punkt, mochte er auch für die Zukunft weitergehende Pläne haben, war er mit der ungarischen Opposition einig.

Im Ganzen aber entwarf er ein Bild von der großen, ja großartigen Zukunft Ungarns, das auf jeden Ungarn — unbeschadet seiner Parteistellung — nicht ohne Eindruck bleiben konnte: ein neumagyarisches Volk, durch Zustrom vor allem deutschen Blutes an Zahl und Leistungsfähigkeit gewaltig gesteigert, wird zu wirtschaftlicher Blüte und zu politischer Macht gelangen, wird gestützt auf Deutschland und als Teil Österreichs, seinen Einfluß auf die unteren Donauländer ausdehnen, und wird die Wacht an der Donau halten für Mitteleuropa gegen die drohenden Mächte des Ostens.

List war also schon tief in die Verhältnisse Ungarns eingedrungen, er kannte die Fragen, welche die ungarischen Patrioten beschäftigten, genauer als vielleicht irgend ein anderer seiner deutschen Zeitgenossen, ohne es noch

[1]) Vgl. die Broschüre von Gustav Höfken, *Deutsche Auswanderung und Kolonisation mit Hinblick auf Ungarn.* Wien 1850. — Dazu Gottfried Fittbogen, *Stephan Ludwig Roths Kolonisationsversuch im zeitgeschichtlichen Zusammenhang.* Südostdeutsche Forschungen 1941.

selbst gesehen zu haben. Es war nur natürlich, daß er den Wunsch hatte, nun auch mit eigenen Augen zu sehen. Niemand war besser auf einen Besuch in Ungarn vorbereitet als List.

Dieser Besuch erfolgte im November 1844. Ihm wenden wir uns nun zu.

Kapitel IV.

Lists Besuch in Ungarn.

Zunächst handelt es sich nur um den äußeren Verlauf von Lists Besuch. Darüber, was List während seines Aufenthaltes in Ungarn getan hat, mit welchen Menschen er in Berührung gekommen ist — darüber sind wir nicht vollständig unterrichtet. Immerhin liegen so viele Nachrichten darüber vor, daß wir uns ein ungefähres Bild machen können. Das wichtigste Material liefert uns der Bericht, den Franz Pulszky in der Allgemeinen Zeitung über Lists Aufenthalt in Preßburg veröffentlichte; dazu kommt für die ersten Tage der Geheimbericht an die Wiener Polizeihofstelle.

1.

Am 31. Oktober, einem Donnerstag, kam List mit dem Dampfschiff „Stephan" in Preßburg an. Er stieg zunächst im Gasthof „Zu den drei grünen Bäumen" ab, einem einfachen Einkehrwirtshaus. Erst nach seinem Umbau und der Umbenennung „Hotel zum grünen Baum", die bereits 1846 erfolgte, wurde es zu dem weithin bekannten vornehm geleiteten Gasthof, den hauptsächlich der ungarische Hochadel frequentierte. Im Herbst 1848 (seit dem Oktober) wohnten hier die Männer des neuen Ungarn: der Hauptmann im ungarischen Generalstab, Karl Ritter von Martini, der die Schanz-Arbeiten zum Schutze von Preßburg zu leiten hatte[1]), wie der Politiker Franz Pulszky. Hier wohnte auch einige Tage der Führer der ungarischen Revolution, Kossuth (vom 30. Oktober an). Nach dem Weltkrieg mußte der grüne Baum dem „Hotel Carlton" weichen; seine reizende, wertvolle Biedermeier-Einrichtung kam auf den Trödel.

Es war natürlich, daß List in dem Einkehrwirtshaus abstieg, das nahe am Ufer lag. Es war ebenso natürlich, daß er bald in einen anderen Gasthof zog, vermutlich in den Gasthof „Zur goldenen Sonne", das damals beste Lokal, das längst nicht mehr besteht. In Betracht käme außerdem noch der bedeutend kleinere Gasthof „Zum roten Ochsen", der heute noch be-

[1]) Martini, *Bilder aus dem Honvédleben* 1851. Neudruck: Deutschbanater Volksbücher Nr. 17 und 19. Bd. I, S. 85ff.; über Kossuth: I, 102ff. Die weiteren Angaben über den „Grünen Baum" und die andern Gasthöfe Preßburgs verdanke ich der Freundlichkeit von Herrn Senior D. Carl Eugen Schmidt, Preßburg.

steht. Hier wohnte im Juli 1839 sogar der letzte französische Thronanwärter aus dem Hause Bourbon älterer Linie, der Herzog von Bordeaux, später Graf Chambord („Henri V"). Auch Grillparzer war im August 1843, auf seiner Reise nach Griechenland, im „Roten Ochsen" abgestiegen.

Damals tagte gerade der ungarische Landtag — der Landtag von 1843/44 — in Preßburg; er ging seinem Ende entgegen. Eine Fülle von Männern des öffentlichen Lebens war also in Preßburg anwesend. Schon am Tage seiner Ankunft nahm er mit mehreren Fühlung. Am nächsten Tage besuchte er sogleich den Landtag; zuerst die Sitzung der Magnatentafel, dann die Sitzung der Ständetafel[1]).

In die Sitzung der Magnatentafel führte ihn Lonyai von Beregh ein, ein Mitglied der liberalen Opposition (seit 1843). Dort habe ihn, meldet der Polizeibericht, Graf Anton Széchenyi übernommen und ihn der Damengalerie zugeführt.

Wer ist dieser Anton Széchenyi? In der Familie Széchenyi nämlich gab es damals keinen Grafen Anton. Das Register der List-Ausgabe identifiziert ihn mit dem Grafen Stephan Széchenyi. Dann wäre List gleich zu Beginn mit dem bedeutendsten Mann Ungarns bekannt geworden und dieser hätte es nicht verschmäht, ihm als Führer zu dienen. Wer immer den Polizeibericht verfaßt haben mag, im Jahre 1844 war Széchenyi in ganz Ungarn so bekannt, daß es völlig undenkbar ist, ein Polizeiagent habe seinen Vornamen nicht gekannt.

Man darf sich einen solchen Vertrauensmann der Polizei durchaus nicht als ganz ungebildet vorstellen. Der „Präsident der KK. Polizei- und Zensur-Hofstelle" (wir könnten ihn deutlicher Polizeiminister nennen, wenn er auch diesen Titel nicht führte) Graf Sedlnitzky, schickte immer, wenn der Landtag tagte, einen seiner Beamten nach Preßburg, der ihm über alles, was dort geschah, und auch über das, was sich erst vorbereitete, Bericht erstatten mußte. Sein besonderer Vertrauensmann war der Hofrat Ferstel[2]). Er nahm seine Wohnung im Postgebäude und hatte auch die Aufgabe, die verdächtigen Briefe zu öffnen und ihren Inhalt seinem Chef zu melden. Im „Hof- und Staatshandbuch des österreichischen Kaisertums" für 1846 steht er mit seinem vollen Titel verzeichnet als der „K.K. wirkliche Hofrat" Leopold Valentin Ferstl, Edler von Forstenau.

Außerdem besoldete Sedlnitzky noch „andere Organe, welche ihn von allen reichstäglichen Klatschereien in Kenntnis setzten". Der Geheimbericht über List braucht also nicht von Ferstl selbst zu stammen (darüber

---

[1]) Schilderung des Gebäudes und der Räumlichkeiten bei Pulszky (Meine Zeit, mein Leben, Bd. I), bei Gelegenheit der Mitteilungen über seine Tätigkeit als Deputierter auf dem Landtag 1839/40.

[1]) Pulszky, *Meine Zeit, mein Leben.* Bd. I, S. 120f., 293.

könnte wohl nur die Handschrift Auskunft geben), jedenfalls aber hat ihn ein Mann verfaßt, der sich in Preßburger Dingen auskannte und der auch wußte, wer Graf Stephan Széchenyi war.

Mit dem Grafen Anton kann daher nicht ein Graf Stephan gemeint sein. Steckt also der Irrtum nicht im Vornamen, so muß er im Familiennamen stecken. Nun gibt es in der Tat einen Namen, der dem Namen Széchenyi ähnlich ist: den Namen Széchen, wie er im Deutschen, und noch ähnlicher: Szécheni, wie er im Magyarischen heißt.

Die Familien Széchenyi und Széchen-Szécheni haben nichts miteinander zu tun. Die Grafen Széchen stammen aus Kroatien.

Einen Grafen Anton Széchen gab es damals allerdings. Er war 1819 geboren[1]). Schon an dem ungarischen Landtag von 1839/40, also noch sehr jung, hatte er teilgenommen und zwar übte er die Funktion des „Staberlherrn" im Magnatenhaus aus. „Vor der Eröffnung jeder Sitzung der Magnatentafel (berichtet Pulszky) traten zwei junge Magnaten ein und meldeten als Staberlherren durch Aufstoßen ihrer Stöcke auf dem Fußboden das Erscheinen des greisen Palatins." Zu dieser zeremoniellen Funktion würde es sehr gut passen, wenn ein Staberlherr einen Gast auf die Damengalerie geleitet und ihn dort vorstellt. Doch wissen wir nicht, ob er auf dem Landtag 1843/44 noch Staberlherr war oder ob er diese Würde bereits an einen noch jüngeren Magnaten abgegeben hatte.

Als List ihn kennen lernte, wird er in der Hauptsache der Sohn seines Vaters gewesen sein. Dieser nämlich, Graf Nikolaus Széchen, hatte eins der höchsten Ämter des Landes Ungarn inne: er war Präsident der königlich ungarischen Hofkammer in Ofen und damit Chef des ungarischen Finanzwesens. Graf Anton gehörte der konservativen Partei an; später ist er als bedeutender Staatsmann hervorgetreten[2]).

Von den Magnaten wurde List also sehr freundlich begrüßt. Noch am selben Tage besuchte List auch die Sitzung der Stände; und zwar wohnte er ihr auf der Magnatengalerie bei, wo sich Graf Joseph Esterházy um ihn bemühte. Mittags speiste er im Magnatenkasino. Schon am ersten Tage also bot sich List reichliche Gelegenheit, mit Männern beider Häuser bekannt zu werden.

Der zweite Tag nach Lists Ankunft, der zweite November, ist durch zwei Begebenheiten ausgezeichnet. Der Erzherzog Palatin Joseph, der schon ein halbes Jahrhundert lang diese Würde inne hatte und sich des

---

[1]) *Die Familien Ungarns.* Beigefügt sind ihre Sippen- und Ahnentafeln. Von Johann Nagy. Herausgegeben von Moritz Roth. Bd. X (1863), S. 537. Magyarisch. — Die Schreibung des Namens schwankt zwischen Szécsen und Széchen.

[2]) Im Jahre 1849 gehörte er zu den Altkonservativen; vgl. den Brief des Grafen Emil Dessewffy an ihn; Ungarische Rundschau für historische und soziale Wissenschaften. 1915, S. 586.

besonderen Vertrauens der Ungarn erfreute, gewährte ihm eine Audienz; „aus der langen Dauer derselben", berichtet Pulszky in der Allgemeinen Zeitung, „schließt man wohl nicht mit Unrecht, der deutsche Nationalökonom habe in dieser hohen Region einen besonders günstigen Eindruck gemacht." Für den Abend desselben Tages verzeichnet der Polizeibericht einen „staatswirtschaftlichen Vortrag" Lists im Oppositionskasino. Sollte List wirklich mit einem Vortrag hervorgetreten sein? Er wird identisch sein mit der Tischrede, die List auf dem „glänzenden Gastmahl" hielt, das ihm Graf Kasimir Batthyány, der Präses des ungarischen Schutzvereins, gab, das List später als „nationalökonomisches Gastmahl" bezeichnete. Auf diese Rede kommen wir später zurück; hier verzeichnen wir nur, daß List auf diesem Gastmahl mit den bedeutendsten Männern der Opposition bekannt wurde. Von den führenden Mitgliedern der Magnatenhaus-Opposition waren anwesend vor allem Graf Ludwig Batthyány, der Vetter des Grafen Kasimir, der später der Ministerpräsident der ersten ungarischen Regierung wurde; von den Mitgliedern der Ständehaus-Opposition waren anwesend: Gabriel von Klauzal, Deputierter des Komitates Csongrad. Da Deák auf diesem Landtag nicht anwesend war (sein Komitat, Zala, hatte ihn zwar zum Deputierten gewählt; aber er hatte die Wahl abgelehnt, um damit gegen die Mißbräuche, die dabei stattgefunden hatten, zu protestieren), so wurde Klauzal an seiner Stelle der Führer der Opposition im Ständehaus, soweit von einer einheitlichen Führung die Rede sein konnte. Da ihm die Autorität Deáks fehlte, kamen neben ihm noch andere führende Männer in Betracht: Eugen von Beöthy, Deputierter des Komitats Bihar, Stephan von Bezerédy, Deputierter des Komitats Tolna, Politiker und Philantrop, Moritz von Szent-Királyi, Deputierter des Komitats Pest, und Dionys von Pázmándy, der Jüngere, Deputierter des Komitats Komorn, der spätere Präsident des ersten ungarischen Abgeordnetenhauses in Pest im Revolutionsjahr[1]). Daß List die Gelegenheit benutzt hat, sich von ihnen über ihre Ansichten, insbesondere ihre Meinungen über die wirtschaftliche Zukunft Ungarns informieren zu lassen, ist selbstverständlich. Wie weit ihre persönlichen Beziehungen gediehen sind, wissen wir nicht. Bezerédy lud ihn fürs nächste Jahr auf sein Gut ein[2]).

An diesem „nationalökonomischen Gastmahl" nahm auch Graf Széchenyi, der „Vater der ungarischen Reform", teil. Wie weit List mit ihm in Fühlung kam und was sie miteinander gesprochen haben, wissen wir nicht. Er selbst hat auch an diesem Abend — nach List, Klauzal und Szent-Királyi — das Wort ergriffen.

---

[1]) Das Verzeichnis der Deputierten der Ständetafel am Landtag 1843/44 siehe Vierteljahrsschrift aus und für Ungarn. 1843. — Ein entsprechendes Verzeichnis der Mitglieder des Magnatenhauses fehlt.

[2]) Reutlinger List-Archiv, Fasc. XXXIV, 65.

Am 3. November war Sonntag; an diesem Vormittag machte List Visiten bei den „ausgezeichnetsten Mitgliedern" des Landtages.

Am 4. November hätte List nach dem Polizeibericht mehrere Mitglieder des Landtages zu sich zur Tafel geladen. Ob diese Angabe zutrifft, wissen wir nicht. List wurde vielfältig eingeladen; er schreibt darüber an Kolb (10. November): „Ich bin jetzt 10 Tage hier und noch kein einziges Mal habe ich zu Hause gefrühstückt, diniert oder supiert."

Die weiteren Tage können wir nicht so genau verfolgen wie die ersten. Später wird es vielleicht einmal möglich sein; heute sind wir noch nicht so weit.

Aber wenn uns auch die Einzelheiten fehlen, so wissen wir doch eine wichtige Hauptsache: wir kennen die Kreise, mit denen List in Fühlung stand.

Da sind zunächst die Regierungskreise. Zuerst nennen wir als Vertreter der Regierung des Gesamtstaats, die ihren Sitz in Wien hat, Graf Anton Majláth. Der Landtag, dessen Schluß bevorstand, hatte ihn nach Preßburg geführt; er ließ an List eine Einladung zum 7. November ergehen[1]).

Dann kommen die höchsten Landesbeamten, also die Beamten des Königreichs Ungarn, auch sie sind Vertreter der von der Krone ausgehenden Macht[2]). An ihrer Spitze der Palatin Erzherzog Joseph. Die lange Audienz, die er List gewährte, erwähnten wir schon. Der kgl. ungarischen Statthalterei, der höchsten ungarischen Landesbehörde, deren Präsident er war, gehörte Georg von Majláth als Statthaltereirat und judex curiae an (nicht lange, so wurde auch Graf Széchenyi als Leiter des Kommunikationswesens als Statthaltereirat in diese Behörde berufen); auch er beehrte List mit einer Einladung. Dasselbe tat der Präsident der zweithöchsten ungarischen Landesbehörde, der Präsident der ungarischen Hofkammer: Graf Nikolaus Széchen. Wenn sein Sohn, Graf Anton Széchen, dem Gast aus Deutschland Führerdienste leistete, so wird er es im Sinne seines Vaters getan haben. Von der konservativen Partei bemühten sich die Grafen Felix Zichy und Georg Andrássy um List. Der Koryphäen der Linken haben wir schon auf dem „ökonomischen Gastmahl" gedacht, das Graf Kasimir Batthyány veranstaltete und dem auch Graf Széchenyi beiwohnte. Dazu kam der Verkehr in den Kasinos der beiden Parteien; von dieser Möglichkeit, mit den verschiedensten Politikern zu verkehren, wird List eifrig Gebrauch gemacht haben. Vielen von ihnen war sein Buch, sei es im Original, sei es in der Übersetzung, bekannt; alle aber kannten aus den Debatten des Landtages wenigstens seinen Namen. Kein Wunder, daß jeder den Mann kennen lernen wollte, „der in so klarer und eindringlicher Weise zu ganzen Nationen zu reden" wußte.

---

[1]) Reutlinger List-Archiv, Fasc. XXXIV, 65.

[2]) Siehe nächste Seite unten.

Aber Lists Umgang beschränkte sich nicht nur auf die Mitglieder des Landtages und die hohen Landesbeamten. Er war ja in erster Linie nicht Politiker, sondern Volkswirt. Es war nur natürlich, daß er auch die Männer des wirtschaftlichen Lebens anzog. So wandten sich an ihn die angesehensten Bürger, Kaufleute und Industriellen der Stadt Preßburg, um ihn über ihre städtischen Interessen zu konsultieren; und Pulszky fügt aus eigener Kenntnis und Überzeugung die Versicherung hinzu, aller Wahrscheinlichkeit nach werde von Lists Besuch ein ungewöhnlicher Aufschwung der industriellen und kommerziellen Zustände Preßburgs ausgehen. Damit tritt ein neues Element in Lists Gesichtskreis: das städtische Bürgertum Ungarns. Dies Bürgertum war der hauptsächlichste Träger der künftigen ungarischen Industrie. Sollte Ungarn eine leistungsfähige Industrie erhalten, so mußten diese Bürger die Initiative dazu ergreifen. Aber eben diese Bürger waren politisch bedeutungslos. Die königlichen Freistädte entsandten zwar Abgeordnete in den Landtag, das einzige bürgerliche Element neben Magnaten und Adel; aber ihre Abgeordneten hatten zusammen nur eine einzige Stimme[1]). Die der Komitatsverwaltung unterstehenden Städte fielen ganz aus. Da tritt List gleich ein ungarisches Problem in Fleisch und Blut entgegen: wie sollen diese politisch rechtlosen Bürger selbstbewußte Träger der Industrie werden?

Pulszkys Äußerung, daß von Lists Besuch ein ungewöhnlicher Aufschwung der Industrie und des Handels von Preßburg ausgehen werde, deutet darauf hin, daß im Schoße der Preßburger Bürgerschaft schon bestimmte Erwägungen im Gange waren. Es handelte sich um die bessere Ausnutzung der Wasserkräfte der Weidritz bei Preßburg. Ein engeres und ein weiteres Projekt standen zur Debatte: die im Weidritztal vorhandenen Mühlen sollten in einer Hand vereinigt, ihr Betrieb vervollkommnet und dadurch ihr Ertrag gesteigert werden. Vielleicht würde es auch möglich sein, andere Unternehmungen (Fabriken) im Weidritztal ins Leben zu rufen.

Von diesen weitergehenden Plänen verlautet nichts weiter; aber das Mühlen-Unternehmen ist tatsächlich zustande gekommen, und zwar noch während Lists Anwesenheit in Ungarn: am 1. Dezember 1844 bei Lists zweitem Aufenthalt in Preßburg, unter seiner persönlichen Gegenwart, wurde die Preßburger Mühltal-Aktiengesellschaft gegründet. Sie bestand hauptsächlich aus Bürgern, an ihrer Spitze stand ein ungarischer Magnat:

---

[1]) Die Organisation der Reichs- und der obersten Landesbehörde ergibt sich aus dem „Hof- und Staats-Handbuch des österreichischen Kaisertums". Uns stand nur der Jahrgang 1846 zur Verfügung. Die ungarischen Behörden siehe 1846, Bd. I, S. 410ff. Die Abgeordneten der königglichen Freistädte auf dem Landtag 1843/44 siehe: Vierteljahrsschrift aus und für Ungarn. 1843. III, 1, S. 11.

Graf Franz Zichy[1]). Wie weit dieser Graf aktive Kraft, wie weit er repräsentative Figur war, entzieht sich unserer Kenntnis.

Die „Vervollkommnung der Mühlgewerbe“ rechnet List ausdrücklich zu den Betrieben, die in Ungarn eine Zukunft hätten. Er warnte davor, Unternehmungen ins Blaue hinein ins Leben zu rufen, man solle sich zunächst nur an solche halten, die eine feste Grundlage im Lande haben. „Dahin gehört die Produktion von Tabak, Ölpflanzen, Hanf und Flachs, Wolle, Getreide aller Art, die Produktion und Veredlung der Weine, die Vervollkommnung der Mühlgewerbe, die Ausbeutung der reich mit Holz bestandenen Wälder und der Handel mit diesen rohen und veredelten Produkten, hauptsächlich aber die Ausbeutung der vorhandenen Mineralreichtümer, namentlich der Steinkohlenflötze und Eisenerzlager[2]).“ Die Mühltal-Gesellschaft hätte sich also auf List berufen können, auch wenn die gründenden Männer ihn nicht, wie es hier geschehen war, persönlich konsultiert hätten.

Freilich hat es die Gesellschaft zu größerer Bedeutung nicht gebracht. Ihr fehlte, wie es scheint, der große Zug, der zu solchen Unternehmen nötig gewesen wäre.

Aber noch zu einem dritten Menschenkreis kam List in Berührung. Er hatte ja der deutschen Einwanderung das Wort geredet im Sinne der magyarisch-deutschen Symbiose. Auch für diesen Plan zeigte sich Interesse: mehrere der begütertsten Magnaten, berichtet Franz von Pulszky, erklärten sich List gegenüber bereit zu kolonisieren.

2.

Mit der Übersiedlung nach Pest, die am 13. November stattfand, kam List in ein ganz anderes Milieu. Pest, damals schon das geistige Zentrum Ungarns, schickte sich an, es noch immer mehr zu werden. Zwar fanden hier keine Landtagsverhandlungen statt, nur Komitatsverhandlungen. Aber das Komitat Pest[3]) war nach seinem Umfang, seiner Bevölkerungszahl und vor allem seiner geistigen Bedeutung nach mehr als ein gewöhnliches Komitat. In der Generalversammlung der Stände des Komitats (Bürger-

---

[1]) Nicht zu verwechseln mit dem Grafen Felix Zichy, dem Führer der konservativen Partei. — Das Register der List-Ausgabe wirft beide zusammen.

[2]) Denkschrift über die national-ökonomische Reform des Königreichs Ungarn.

[3]) Es sind zu scheiden die Stadt Pest und Pest-Land. Pest selbst war königliche Freistadt; seine Deputierten für den Landtag waren gewesen: Georg Járy (ehemals Tretter), der seinen Namen magyarisiert hatte, und Franz Koller. Auch in Pest also gab es zahlreiches deutsches Bürgertum, aber der Prozeß der Magyarisierung hatte schon begonnen. — Die Landtagsdeputierten des Komitats Pest (etwa des „Landkreises Pest“) waren beide Magyaren: Moritz von Szent-Királyi, den wir aus dem Umgang mit List bereits kennen, und Graf. Ged. von Ráday.

liche sind natürlich auch hier ausgeschlossen) „war die meiste Intelligenz des Landes konzentriert". Der Adel dieses Komitates gehörte meist zur Opposition. Hier fand List den Pester Landtagsdeputierten Moritz von Szent-Királyi wieder und, wenn er ihn schon in Preßburg kennengelernt hatte (wo er nicht zum Landtag gehörte, aber vielleicht als Privatmann, als geschäftsführender Direktor des ungarischen Schutzvereins war), auch Ludwig von Kossuth.

Auch in Pest wurden List viele Ehrungen zuteil. Doch wissen wir im Einzelnen nichts von ihnen; nur von einer hat der Pester Korrespondent der Augsburger Allgemeinen Zeitung berichtet, von der Ehrung durch Kossuth selbst. Sie fand ohne Vorbereitung, ganz aus dem Gefühl des Augenblicks heraus, statt. Am ersten Tage nämlich nach Lists Ankunft, am 14. November, hatten die Stände des Komitats ihre Generalversammlung. List besuchte sogleich die Sitzung und hörte den Verhandlungen auf der Galerie zu. In dieser Sitzung sprach auch Kossuth; er sprach über sein damaliges Lieblingsthema, den ungarischen Schutzverein. Im Verlauf seiner Rede bemerkte und erkannte Kossuth den Gast auf der Galerie; sogleich wandte er sich ihm persönlich zu und bezeichnete ihn als den „Mann, der die Nationen am besten über ihre wahren nationalökonomischen Interessen aufgeklärt habe"; die Versammlung aber, die aus mehreren hundert Edelleuten bestand, „darunter viele politische und wissenschaftliche Notabilitäten", ging begeistert mit Kossuth mit und brachte auf List „ein enthusiastisches Eljen" aus. Wenn später die Geschichtlichkeit dieser Szene in Zweifel gezogen ist[1]), so ist das mit Unrecht geschehen. Damit ist der erste Verkehrskreis gegeben, in dem sich List in Pest bewegte: der — meist oppositionell gerichtete — Adel des Komitats.

Es liegt in der Natur der Sache, wenn es auch nicht ausdrücklich berichtet ist, daß List auch mit dem mächtig aufstrebenden bürgerlichen Element in Berührung kam. Es war zu einem erheblichen Teil deutsch. Auf das deutsche Element in Ungarn kommen wir später zurück.

3.

Es waren ungewöhnlich reiche Eindrücke, die List aus Ungarn mitnahm. Zunächst blieb er noch längere Zeit in Wien. Erst im Frühsommer des nächsten Jahres (Mai 1845) kehrte List nach Augsburg zurück. In Wien sollte reifen, was er in Ungarn begonnen hatte.

Am 2. Dezember traf er wieder in Wien ein. Schon am nächsten Tage war er zur Audienz bei Metternich. Am 23. Dezember veranstaltete

---

[1]) Ladislaus Grossmann, *Friedrich List in Ungarn.* Zeitschrift für die gesamte Staatswissenschaft. 1930. II. Widerlegt von Gottfried Fittbogen, *Friedrich List in Ungarn.* Ungarn (Budapest), Mai 1941.

das geistige Wien ihm zu Ehren ein Festmahl. Dann begann die Ausarbeitung der Denkschriften über Ungarn, die die Quintessenz seiner Erfahrungen zusammenfassen und die praktische Anweisung geben sollten, wie das wirtschaftliche Leben Ungarns auf kürzestem Wege, aber für die Dauer zur Blüte zu bringen sei. Dabei hatte ein sehr gewichtiges Wort mitzusprechen der (schon erwähnte) „erlauchtete" Präsident der kaiserlichen allgemeinen Hofkammer, das ist: der Finanzkammer: Freiherr KÜBECK VON KÜBAU. Jetzt trat List auch mit ihm in persönliche Beziehung; er hoffte viel von ihm. Davon wird noch besonders die Rede sein.

4.

Zunächst stellen wir, zur besseren Übersicht, den Tagesverlauf von Lists Aufenthalt in Ungarn zusammen. Der Tages-Kalender ist noch recht lückenhaft; aber wir zweifeln nicht, daß sich noch manches über Lists Aufenthalt, namentlich aus magyarischen Quellen, feststellen läßt und manche Lücke sich mit der Zeit schließen wird.

Tages-Kalender[1])
für den Besuch Lists in Ungarn.

Datum	Wochentag	Inhalt des Tages
31. X.	Do.	nachmittags Ankunft in Preßburg, mit dem Dampfschiff „Stephan". Logis im Gasthof „Zu den grünen Bäumen".
1. XI.	Fr.	List besucht: 1. die Sitzung der Magnatentafel (Lónyai von Beregh, Graf Anton Széchen), 2. die Sitzung der Ständetafel, und zwar auf der Galerie für die Magnaten (Graf Joseph Esterházy). Mittagessen: im Magnaten-Kasino.
2. XI.	Sobd.	Audienz beim Palatin Erzherzog Joseph. Abends: das „nationalökonomische Gastmahl", veranstaltet vom Grafen Kasimir Batthyány, dem Präsidenten des ungarischen Schutzvereins. Rede Lists; nach ihm sprachen die Deputierten Gabriel von Klauzal, Moritz von Szent-Királyi und Graf Széchenyi.

[1]) Anmerkung des Hgb.-s.: Verf. hat es übersehen, daß Graf Stephan Széchenyi in seinen deutschgeschriebenen Tagebüchern (Gróf Széchenyi István naplói hrsg. von Dr. Gyula Viszota, Bp. 1939, VI. Bd. S. 124—195) alle seine Zusammenkünfte mit Franz genau aufgezeichnet hat. Der aus diesen Aufzeichnungen sich ergebende Tageskalender weicht von dem vom Verf. aufgestellten vielfach ab und gibt auch wichtige Aufschlüsse über das Verhältnis Széchenyis zu List.

Preßburg, 31. Okt. Széchenyi lernt List im Großen Kasino kennen.

1. Nov. Er ist mit ihm zusammen bei dem Grafen Félix Zichy zum Mittagessen eingeladen. Széchenyi zeichnet hier schlagwortartig auch die Themen ihrer Unter-

3. XI.	Sonntg.	Vormittags: Visiten bei den „ausgezeichnetsten Mitgliedern“ des Landtages. Übersiedlung in einen andern Gasthof.
4. XI.	Mo.	
5. XI.	Di.	
6. XI.	Mi.	
7. XI.	Do.	3 Uhr nachmittags: Einladung zum Mittagessen beim Hofkanzler Grafen Anton Majláth (im Magnaten-Kasino).
8. XI.	Fr.	
9. XI.	Sobd.	
10. XI.	Sonntg.	List am 10. XI.: „ich bin jetzt 10 Tage hier und noch kein einziges Mal habe ich zu Hause gefrühstückt, diniert oder soupiert“.
11. XI.	Mo.	11. und 12. XI.: Besuche von Deputierten aus entfernten königlichen Freistädten, um List einzuladen, sie zu besuchen.
12. XI.	Di.	„ich muß wieder zu einem Essen“. Gastgeber nicht bekannt.
13. XI.	Mi.	Schluß des Landtages (durch Erzherzog Karl). List fährt mit dem Schiff nach Pest.
14. XI.	Do.	List besucht, als Zuhörer auf der Galerie, die Generalversammlung der Städte des Pester Komitats. Kossuths Rede für den ungarischen Schutzverein. Dabei die spontane Huldigung Kossuths und des ganzen Hauses vor List als dem Meister der Nationalökonomie.
15. XI.	Fr.	
16. XI.	Sbd.	
17. XI.	Sonntg.	
18. XI.	Mo.	
19. XI.	Di.	
20. XI.	Mi.	
21. XI.	Do.	
22. XI.	Fr.	
23. XI.	Sbd.	
24. XI.	Sonntg.	
25. XI.	Mo.	
26. XI.	Di.	

27. XI.	Mi.	
28. XI.	Do.	Spätestens am 28. XI. Abreise aus Pest. Lukács am 28. XI.: „List hat nach einem 14tägigen Aufenthalt in Pest seine Rückreise nach Preßburg und Wien angetreten.“
29. XI.	Fr.	29. XI.—1. XII. zweiter Aufenthalt in Preßburg.
30. XI.	Sbd.	
1. XII.	Sonntg.	Gründung der Preßburger Mühltal-Aktiengesellschaft (unter Vorsitz des Grafen Franz Zichy senior).
2. XII.	Mo.	Abfahrt aus Preßburg, Ankunft in Wien.
3. XII.	Di.	Audienz bei Metternich.
23. XII.	Mo.	Festmahl zu Ehren Lists.

Kapitel V.

List und der ungarische Schutzverein.

Wenn wir nun daran gehen, den sachlichen Ertrag von Lists Aufenthalt in Ungarn festzustellen, so sondern sich drei große Themen ab, die ihn und die Öffentlichkeit vor allem beschäftigten:

---

haltung auf: „Unterschied zwischen Stamm und Volks Nationalität. Fiume Spielerey. Ungarischer Zollverein schadet nicht, aber es wird nichts daraus . . . Will Indigen werden. In Wien sieht man es ungern — — schade, denn hier zu Lande ist er nicht gefährlich.“

4. Nov. Sz. nimmt an einem Essen teil, daß zu Ehren Lists vom Grafen Andrássy veranstaltet wurde. Er bemerkt, daß List mit einer Stunde Verspätung ankam.

5. Nov. Essen bei Kasimir Batthyányi. Sz. bemerkt lakonisch: „List Speech — Szent Királyi Antwort.“ Danach fand also „das nationalökonomische Gastmahl“ nicht am 2., sondern am 5. Nov. statt und Sz. hat nicht gesprochen, sonst hätte er es in seinem Tagebuch unbedingt erwähnt.

12. Nov. Essen im Großen Kasino. List hält eine Ansprache auf den Adel, „der sich reformiert“, und auf Széchenyi.

Pest, 16. Nov. Gemeinsames Essen im National-Casino.

19. Nov. Sz. besichtigt mit List die Altofener Werft. Nachmittags macht List bei ihm Besuch, „er schickt ihn aber weg“.

20. Nov. Sz. kommt mit List wieder im National-Casino zusammen. Sz. bemerkt dazu: „Finde ihn: nicht zu genießen.“

Es ist auffallend, daß Sz. in seinen rapsodischen Aufzeichnungen kein gutes Wort für List findet, einige seiner Bemerkungen scheinen eher darauf hinzuweisen, daß er L. keine besondere Anerkennung und kein Verständnis entgegengebracht hat, während List in allen seinen diesbezüglichen Schriften mit Hochachtung über ihn spricht. Es scheint, daß ihr persönliches Zusammentreffen andere, innigere Formen hatte, als es die Widerspiegelung in den Tagebüchern zeigt.

Sz. kam mit L. noch einmal zusammen, und zwar in Wien, am 13. April 1845, als er zum Geheimen Rat und Organisator des ungarischen Verkehrswesens ernannt wurde.

1. Die Schaffung einer ungarischen Industrie,
2. die Entwicklung des ungarischen Kommunikationswesens,
3. die beschleunigte Entwicklung des magyarischen Volkes und des ungarischen Wohlstandes durch deutsche Einwanderung.

Das vordringlichste Thema war die Schaffung der ungarischen Industrie. Es war unmittelbar akut.

1.

Wir haben gesehen, wie Lists Lehre vom Agrar-, Industrie- und Handelsstaat in Ungarn eingeschlagen hatte, wie die ungarische Öffentlichkeit den Gedanken aufgriff: der nächste Schritt muß sein, eine ungarische Industrie ins Leben zu rufen.

Mit Eifer ergriffen auch die Männer der Bewegungspartei, ergriff die ungarische Opposition diesen Gedanken. Aus ihren Reihen ging der ungarische Schutzverein hervor. Nur drei Wochen vor Lists Ankunft, am 6. Oktober 1844, war der Schutzverein in Preßburg gegründet worden. Graf Kasimir Batthyány war sein Präsident, Ludwig Kossuth sein geschäftsführender Direktor. Und Kossuth, der seit dem 1. Juli 1844 aus der Redaktion des „Pesti Hirlap" ausgeschieden war, warf sich mit Energie auf dies neue Tätigkeitsfeld. Ein eigenes Blatt stand ihm damals nicht zur Verfügung. Das „Hetilap", das Organ des Schutzvereins, trat erst 1845 ins Leben.

Die Gründung des Schutzvereins war eine Sensation. Bisher hatte die Opposition (und Kossuth hatte das ja in der Auseinandersetzung mit List noch kürzlich bestätigt) einmütig die Aufhebung des österreichischen Zwischenzolls gefordert; das sei der erste Schritt zur Schaffung einer ungarischen Industrie. Jetzt nahm die Opposition eine vollkommene Schwenkung vor: statt der Abschaffung forderte sie plötzlich das Gegenteil, die Beibehaltung des Zwischenzolls und seine Ausgestaltung zu einem Schutzzoll für die ungarische Industrie; nur unter seinem Schutz könne in Ungarn eine eigene Industrie — der überlegenen Industrie der österreichischen Erbländer gegenüber — auf die Beine kommen.

Wie erklärt sich dieser auffallende Umschwung?

Wir haben oben gesehen, daß List die radikale Verurteilung des Zwischenzolls, die die Opposition zum Dogma erhoben hatte, nicht teilte. Er sei nicht das Hauptübel, das Hauptübel liege vielmehr in der Unfertigkeit der ungarischen Verhältnisse; hier müsse man den Hebel ansetzen. Der Zwischenzoll sei nur von nebensächlicher Bedeutung; in einigen Fällen wirke er sogar „wie ein Schutzzoll zu Gunsten der ungarischen Industrie".

Mit diesem beiläufigen Gedanken leitete List eine ungeahnte Umwertung der Werte ein. Offenbar hat Kossuth diesen Gedanken aufgenommen und weitergebildet: wie wäre es, wenn wir aus dem Schutzzoll wider Willen einen Schutzzoll mit Willen, einen wirklichen Schutzzoll machten? Und mit derselben Verve, mit der er bisher gegen den Zwischenzoll gewettert hatte, trat er nun für den Zwischenzoll ein.

Dazu kam ein anderes. Vor aller Augen stand deutlich, welche außerordentliche Bedeutung die Einführung des Schutzzolles für die Länder des Deutschen Zollvereins gehabt hatte. Er hatte es ermöglicht, daß die Industrie der Zollvereinsländer sich trotz der Konkurrenz mit der überlegenen Wirtschaftskraft Englands entfaltet hatte. In seiner Broschüre konnte Kossuth den Erfolg des Zollvereins nicht genug rühmen. Der Wohlstand Deutschlands war seit seinem Entstehen ungeahnt gewachsen. Und mehr als das, seine Wirkung ging weit über das wirtschaftliche Gebiet hinaus. Der Deutsche Zollverein, rühmt er, ist „ein so großartiges und wohltätiges politisches Ereignis, daß Jahrhunderte kein in seinen Folgen wichtigeres, in seiner Zukunft weitgreifenderes aufzuweisen haben" (S. 16). Der Zollverein hat auch mächtig auf den Geist des deutschen Volkes gewirkt. „In jenen zwei Worten: nationales Selbstgefühl und Nationalkraft ist die wichtigste politische Seite der Wirkungen des Deutschen Zollvereins angedeutet. Die zerstückelte deutsche Nation wird vom Geist nationaler Einheit durchdrungen und in ihrer Brust macht sich das mächtige Selbstgefühl vereinter Kraft geltend" (S. 14). Sollte es nicht möglich sein, für Ungarn etwas Ähnliches zu erreichen?

Die Parallele liegt auf der Hand. Der überlegene Konkurrent ist hier die Industrie der österreichischen Erbländer. Ein Schutzzoll gegen sie wird doppelte Wirkung haben: wirtschaftlich wird er das Entstehen einer Industrie auf ungarischem Boden ermöglichen, zugleich wird er den Nationalgeist Ungarns mächtig heben. Kein Zweifel, die Proklamierung des innerösterreichischen Zwischenzolls ist einfach die Kopie des Schutzzolls, den der Zollverein gegen England aufgerichtet hatte.

Und konnte sich Kossuth nicht auch auf List selbst berufen? „Jede Nation wie jedes Individuum ist sich selbst am nächsten", stand bei ihm zu lesen (S. 151 der 3. Auflage). Galt das nicht auch für das magyarische Volk? Mußte also nicht die Stärkung des magyarischen Volkes mit seiner wirtschaftlichen Abkapselung beginnen?

Damit wir ganz sicher gehen, hören wir auch einen ungarischen Historiker über diese merkwürdige Schwenkung der Opposition. Michael Horváth, 1849 Kultusminister des revolutionären Ungarn, mit den Vorgängen in seiner Partei aufs genaueste vertraut, spricht eingehend von diesem Umschwung. „Bezüglich der Zollverhältnisse mit Österreich", sagt er[1]),

[1]) Michael Horváth, 25 *Jahre aus der Geschichte Ungarns* 1823—1848. Übersetzt von Joseph Novelli. Leipzig 1864. Bd. II, S. 226.

hatten sich bei uns die Ansichten ... sehr verändert. Einige Jahre zuvor hatte die Nation kaum irgend etwas mit größerem Eifer gewünscht als eine solche Abänderung jenes die Industrie tötenden Zollsystems, daß die Zwischenzölle zwischen unserem Vaterlande und den österreichischen Erbländern gänzlich aufgehoben werden mögen. Die Nation wäre damals bereit gewesen, dies selbst mit Opfern zu erkaufen. Jetzt indessen, obgleich die Überzeugung von der schädlichen Wirkung des Zollsystems dieselbe blieb, war die öffentliche Meinung nicht nur der Ablösung, sondern auch der einfachen Abschaffung entgegen. Die aus der Geschichte des Zollvereins geschöpfte Lehre machte die Überzeugung zu einer allgemeinen, daß unsere Nationalität gegen den überwiegenden Einfluß der Deutschen, die Reste unserer Selbständigkeit und Unabhängigkeit in der Verwaltung gegen die Übergriffe und Nivellierungsversuche des österreichischen Absolutismus bisher nichts mit solchem Erfolg beschützt habe, als eben diese Zwischenzoll-Linie, durch welche Ungarn Österreich gegenüber gleichsam zum Ausland wurde. Es wurde für ein Werk der Vorsehung betrachtet, daß jene verkehrte Maßregel, durch welche die Wiener Regierung unser Vaterland zu unterdrücken beabsichtichtige, sich auf die Weise rächte, daß sie eben dasjenige zu verteidigen half, wogegen Wien seit drei Jahrhunderten einen fortwährenden Angriffskrieg führte, unsere Nationalität und Unabhängigkeit in der Verwaltung."

Der Schutzverein verlangte also nichts anderes als die Erhebung Ungarns zu einem eigenen Wirtschaftskörper. Hier lag die grundsätzliche Schwierigkeit. Michael Horváth (II. 345f.) räumt unumwunden ein, daß diese Forderung „in Anbetracht unserer Verhältnisse zur Monarchie durchaus unausführbar war". Denn wie hätte man jemals vom König von Ungarn, der zugleich auch Kaiser von Österreich war, die Sanktion eines solchen Gesetzes erwarten können? Die Ausgestaltung Ungarns zu einem eigenen Wirtschaftsgebiet (durch Einführung des Schutzzolls) war, meint er, eine vollkommene Utopie. Praktisch diskutabel sei nur die Meinung des zentralistischen Flügels der Opposition, der sich seit dem 1. Juli 1844 im Besitz des „Pesti Hirlap" befand, gewesen; er blieb der alten Forderung der Opposition nach Aufhebung des Zwischenzolls treu; nötig sei nicht eine Trennung, sondern vielmehr gerade eine vollkommene Verschmelzung der materiellen Interessen Ungarns und der übrigen Länder der Monarchie. Auch Kossuth habe sich später dieser Auffassung im „Hetilap", dem Organ des Schutzvereins, angeschlossen. Diese Verschmelzung der materiellen Interessen sei durch einen Zollvertrag zwischen Ungarn und den österreichischen Erbländern zu erreichen, einen Vertrag, bei dem auch die ungarische Gesetzgebung ein Wort mitzureden habe. Auf diese Weise wurde schließlich der „Zollvertrag unter konstitutionellen Bedingungen" zur öffentlichen Meinung im Schoße der Oppositionspartei (II 347). Aber dieser

Zustand trat erst nach Lists Rückkehr aus Ungarn ein; bei seiner Anwesenheit in Preßburg und Pest stand Kossuth noch auf der Forderung des Schutzzolls für Ungarn.

Kossuth hat also kurz hintereinander drei verschiedene Stellungen eingenommen:

1842: Aufhebung des Zwischenzolls (durch die Reichsregierung); die Gesamtmonarchie wird ein einheitliches Wirtschaftsgebiet.

1844: Ausgestaltung des Zwischenzolls zum Schutzzoll für die ungarische Industrie; Ungarn wird ein eigenes Wirtschaftsgebiet.

Zuletzt: Zollvertrag unter konstitutionellen Bedingungen; alle Länder der Monarchie werden zu einem einheitlichen Wirtschaftsgebiet verschmolzen.

Dies mehrfache Wechseln des Standpunktes bei Kossuth erschwert natürlich das Verständnis der Entwicklung; es macht auch mißtrauisch gegen die Solidität von Kossuths wirtschaftlichen Argumenten. Kossuth war eben seinem Wesen nach nicht Nationalökonom, sondern Politiker. Daher war auch seine Tätigkeit für den Schutzverein politisch bestimmt. Und Horváth (II 329) bestätigt es: „Der Schutzverein war vom politischen Gesichtspunkt aus weit wichtiger als in materieller Beziehung."

2.

Aber lenken wir zurück zum November 1844. Die ungarische Opposition begann ihre wirtschaftliche Aktion und Agitation (wir können das nur immer wiederholen) unter dem unmittelbaren Einfluß der Listschen Lehre vom Agrar-, Industrie- und Handelsstaat. Und war nicht auch der Gedanke, daß der Schutzzoll das Heilmittel für die ungarische Industrie werden solle, von List übernommen? Bestand also hier volles Einvernehmen mit List? Noch in seinen Memoiren erklärt Pulszky[1]) kurz und bündig: „Das berühmte Werk Friedrich Lists bot uns die Waffen, mit welchen wir die Regierung bekämpften."

Aber wie stand List selbst zum Schutzverein? Teilte er seine Meinung? Sah er in ihm sein geistiges Kind?

Diese Frage können wir beantworten; denn List selbst hat sich darüber eingehend geäußert. Und zwar vor den Ohren derer, die es am nächsten anging: vor den leitenden Männern des Schutzvereins. Auf dem Gastmahl das Graf Kasimir Batthyány ihm gab (Kossuth wird in dem Bericht zwar nicht genannt, wir dürfen aber wohl annehmen, daß er der Agitation für den Schutzverein wegen, die ihn Anfang Oktober nach Preßburg geführt hatte, noch in der Stadt und daher auch unter den Gästen war), hat List seine Auffassung ausführlich dargelegt. Seine Rede ist damals zwar nicht

---

[1]) Franz Pulszky, *Meine Zeit, mein Leben.* Bd. I, S. 299.

nachgeschrieben oder veröffentlicht worden; aber er hat sie anderthalb Jahre später aus dem Gedächtnis reproduziert und in seinem Zollvereinsblatt abdrucken lassen (1846, Nr. 7 vom 17. Februar, S. 103—109). Sie kann im wesentlichen als authentisch gelten. An sie haben wir uns zu halten. Mag auch der Wortlaut im Einzelnen frei wiedergegeben sein, wichtiger als Einzelheiten ist die Grundhaltung dieser Rede, und diese konnte List unmöglich vergessen haben.

List teilt hier zum ersten Male etwas darüber mit, was er damals — bei seinem Besuch in Ungarn — getan und gesprochen hat; und zwar tut er es in besonderer Beziehung auf den „berühmten Schutzverein". Die Aufgabe, die ihm als Tischredner bei dem „nationalökonomischen Gastmahl", zu dem Graf Kasimir Batthyány auch die legislatorischen Häupter der Opposition vom Magnaten- und vom Adelsstand geladen hatte, gestellt war, war höchst eigentümlich.

Er wollte nicht nur einige freundliche Worte sagen, er wollte auf die Sache selbst eingehen. Aber wie das machen? Seine Worte sollten den Schutzverein in seinem Fundament berühren, aber sie sollten keine „Störung in der Verdauung der verschiedenen Parteihäupter oder in ihrem guten Humor" veranlassen. Würde sich beides vereinigen lassen?

Er sprach als Gast vor Mitgliedern des Schutzvereins, seine Rede mußte in einem Toast auf den Schutzverein gipfeln. Liess sich damit eine ernsthafte Erörterung verbinden? Es mußte versucht werden, ernsthaft zu sprechen, und doch so zu sprechen, daß die Teilnehmer des Gastmahls sich nicht vor den Kopf gestoßen fühlten.

List nahm nicht Partei, weder die Partei des Schutzvereins noch die der Regierung; er sprach von höherer Warte. Er betrachtete die Dinge, die seinen Hörern am Herzen lagen, für die sie Partei ergriffen hatten, er betrachtete den Schutzverein entwicklungsgeschichtlich.

Einleitend, um sich den Weg zu seinem Thema zu bahnen, sprach er von dem Unterschied der Stamm-Nationalität von der politischen Nationalität — Worte, die die besondere Aufmerksamkeit des „großen Grafen" erregten. Eine Stamm-Nationalität könne „durch Verstand, Mäßigung und Beharrlichkeit nach und nach zu einer politischen werden"; eine politische Nationalität aber müsse, wenn sie wirklich etwas bedeuten will, in unseren Tagen auch eine große Nationalität sein. Es sei, um den Gedanken auf Ungarn anzuwenden, zu hoffen, daß „unter dem Vorsitz des magyarischen Stammes eine ungarische Nationalität sich dermaleinst legitimiert und befähigt fühlen würde, in der Reihe der Weltnationen Sitz und Stimme zu nehmen."

List deutet damit, ohne es hier weiter auszuführen, mit diesen Worten auf das große Zukunftprogramm hin, daß er früher für Ungarn und das magyarische Volk (die magyarische „Stammnationalität") entworfen hatte.

Ungarn und die magyarische Nationalität decken sich heute nicht. Neben den Magyaren, die für den Eintritt unter die Weltnationen zahlenmäßig viel zu schwach sind, gibt es noch andere Nationalitäten. Durch Zuzug von Auswanderern (und nur auf diesem Weg) können aber die Magyaren ihre Zahl schnell steigern; die verschiedenen Stammnationalitäten werden bald zu einer politischen Nationalität verschmelzen; das magyarische Blut ist in ihr zwar mit anderem Blut vermischt; aber dies Opfer ist nicht umsonst gebracht: der magyarische Stamm wird auch der größeren politischen Nationalität den Stempel aufdrücken und wird auf diese Weise Sitz und Stimme unter den Weltnationen erhalten.

Doch handle es sich bei diesem Gastmahl um nationalökonomische Fragen. Von politischen Dingen zu sprechen, sei daher hier nicht der Ort. Doch eine Bemerkung könne er auch hier nicht unterdrücken (und er führt sie in Anführungsstrichen an, ihrer Bedeutsamkeit wegen hat sich ihm diese Bemerkung eingeprägt: „möge die Hand eines jeden Nationalökonomen verdorren, der sich zu Intrigen gegen die wahre Freiheit oder zur Ausstreuung von Mißtrauen gegen eine wohlwollende Regierung gebrauchen lasse!"

In dieser knappen Bemerkung stecken in Wirklichkeit zwei Bemerkungen, die sich an zwei ganz verschiedene Adressen wenden. Die Bemerkung über die wahre Freiheit zeigt Lists tiefe Sympathie auf politischem Gebiet mit den Männern der ungarischen Opposition, die den Feudalstaat Ungarn in einen modernen Rechtsstaat umwandeln wollen; sie richtet sich gegen die Reichsregierung in Wien, die der freiheitlichen Entwicklung in Ungarn mißtrauisch und bloß negativ gegenüber steht. Die Bemerkung über die Schädlichkeit des Mißtrauens gegen eine wohlwollende Regierung richtet sich unmittelbar an seine Zuhörer; sie streuen (abgesehen etwa von dem „großen Grafen") mit vollen Händen Mißtrauen gegen die Reichsregierung in Wien aus, obwohl diese neuerdings ihr aufrichtiges Wohlwollen zeige. Lists eigene Tendenz geht also dahin, die widerstreitenden Richtungen zu versöhnen, die Reichsregierung in Wien und die ungarische Opposition zu fruchtbarem Handeln zusammenzuführen.

Soweit die Einleitung der Tischrede. Nun wendet sich List seinem eigentlichen Thema, den nationalökonomischen Fragen, zu. Er spricht, die politische Nationalität verlassend, von der „politisch-ökonomischen Nationalität". In Beziehung auf diese Art von Nationalität seien „Ungarn und Österreich noch für ein Jahrhundert (vielleicht für noch längere Zeit) durch die starke Kette des wechselseitigen Bedürfnisses wie durch die noch stärkere Kette des wechselseitigen Vorteils aufs festeste aneinander gekettet, und keine politische Demonstration werde darin auf die Dauer eine Änderung heranzubringen vermögen."

Diese politische Demonstration aber ist nichts anderes als der Schutzverein, vor dessen leitenden Männern List diese Worte spricht — eine Demonstration schon an sich; denn seine Gründung besagt, daß die Mitglieder des Schutzvereins den Schutz der ungarischen Industrie, den die Reichsregierung verweigere, auf privatem Wege durchführen und den Schutzzoll vor die Schwelle ihres Hauses legen wollen. Demonstration noch mehr dadurch, daß die Ständetafel den Beschluß faßte, den Schutzverein unter den Schutz des Gesetzes zu stellen. Kam diesem Beschluß auch keine praktische Wirkung zu (dazu wäre die Zustimmung der Magnatentafel nötig gewesen), so war er doch nicht ohne Bedeutung: er war eine Demonstration und wurde als solche verstanden.

Von dieser „großen politischökonomischen Demonstration unserer Tage" wolle er weder mit Lob noch mit Tadel sprechen. Er wolle nur ihre Folgen ins Auge fassen; diese werden positiv sein.

Allerdings nicht nur positiv. Soweit diese Demonstration das Unmögliche und Unnatürliche erstrebe, werde sie schon von selbst müde werden. „Es sei damit etwa, wie wenn einer zum Schaden des Andern, für sich selbst aber zu keinerlei Vorteil, den Vorsatz gefaßt hätte, einen hohen Berg abzugraben und damit die benachbarten Täler zu verschütten, weil sie seinem Gegner gehörten. Ein solcher möge mit noch so vielem Eifer an die Arbeit gehen; es werde doch nicht lange dauern, bis er Hacke und Schaufel von selbst niederlege. Torheit wäre es also, ihn, während er noch im ersten Enthusiasmus begriffen sei, an seinem Streben hindern zu wollen. Man würde ihn damit ohne Erfolg nur zum Zorne reizen." Das heißt also, ohne daß List natürlich diese Nutzanwendung ausgesprochen hätte: man soll die Männer des Schutzvereins nicht in ihrem ersten Enthusiasmus stören (das Kind war knapp vier Wochen alt), die Übertreibungen werden sich schon selbst legen.

Aber die Gründung des Schutzvereins wird auch gute Folgen haben und diese werden überwiegen; er wird „nur wenige Übel, aber sehr viel Gutes stiften". Denn durch den Schutzverein und die Bewegung, die er veranlaßt, wird Ungarn aufmerksam gemacht auf das, was ihm noch fehlt, und auf die Ursache, warum es ihm fehlt. Es muß also nicht bloß daran denken, das Übel der Gegenwart zu überwinden, es muß auch daran denken, die Quelle des Übels zu ergründen; dies letztere wird besonders wichtig sein.

Dabei wird sich ergeben, daß es mit der Gründung des Schutzvereins und seiner Ortsgruppen im ganzen Lande nicht getan ist. Um die Quelle des Übels zu erkennen und zu beseitigen und wirkliche Besserung zu schaffen, ist eben das nötig, was er eingangs kurz berührte: fruchtbare Zusammenarbeit zwischen Regierenden und Regierten.

Eine „weise Regierung" wird eine gründliche Reform des Feudalstaates Ungarn für nötig halten. — Eine weise Regierung. Das heißt für den, der hören kann: nicht die gegenwärtige Regierung in Wien fordert das; aber sie sollte es fordern, und sie wird es fordern, sobald sie ist, wie List sie haben möchte, sobald sie ihre wahrhafte Aufgabe (die Aufgabe jeder echten Regierung) erkennt, sich selbst an die Spitze der Reformbewegung zu stellen. Eine weise Regierung also würde zu den Ständen Ungarns sagen: „Ihr müßt Euren städtischen Gemeinheiten politische Rechte geben, Ihr müßt auf Eure Privilegien Verzicht leisten, Ihr müßt Eure Rechtsverfassung in der Art reformieren, daß Eigentum und Person gegen Willkür, Unsicherheit des Besitzes und Schikane geschützt sind. Ihr müßt Eure Komitatsverfassung in der Art reformieren, daß sie zwar der Freiheit ein festes Bollwerk, nicht aber die Mutter von Tumulten, von Wahlumtrieben, von Unordnung und Gesetzlosigkeit aller Art sei usw.". Erst wenn der einzelne in seinem bürgerlichen Leben gesichert ist, erst wenn die Gesamtheit politische Rechte hat, wenn die Bevölkerung in verfassungsmäßigen Formen an der Regierung teilnehmen kann (das heißt im Sinne Lists: wenn der Ständestaat Ungarn in eine konstitutionelle Monarchie umgewandelt ist), dann können sich die bürgerlichen Kräfte in der Weise regen, wie das nötig ist, um das wirtschaftliche Leben des Landes zur Entfaltung zu bringen, das Land dem Wohlstand entgegenzuführen.

Die Regierung aber wird dem Aufkommen einer ungarischen Industrie nicht entgegenwirken (die Opposition behauptete ja immer, die Reichsregierung halte die ungarische Industrie absichtlich darnieder; sie wolle Ungarn zugunsten der andern österreichischen Länder wie eine Kolonie ausbeuten), sie werde sie vielmehr kräftig fördern. Zu diesem Zweck werde sie es sich auch angelegen sein lassen, ein vollständiges Transportsystem durch ganz Ungarn herzustellen, große Entwässerungs-Unternehmen einzuleiten und zu fördern, um nur das Wichtigste zu erwähnen.

Und wie werde sich der Schutzverein dazu verhalten?

Er könne nicht wenig zu dieser glücklichen Entwicklung beitragen. Daß sein stürmendes Drängen auf die Industrialisierung Ungarns im ersten Enthusiasmus übertrieben sei, wiederholt List nicht ausdrücklich noch einmal. Aber es liegt deutlich in seinen Worten, wenn er sagt, es sei nichts dagegen einzuwenden, daß er jetzt schon Samen ausstreue, der erst in 20, 30 oder 40 Jahren aufgehe.

Vor allen Dingen aber müsse der Schutzverein sein absolutes Mißtrauen gegen die Reichsregierung fallen lassen, als treibe sie bewußt eine antiungarische Wirtschaftspolitik. Die österreichischen Erbländer gewinnen nichts durch die nationalökonomische Verkrüppelung Ungarns; sie müssen vielmehr um ihrer selbst willen wünschen, daß Ungarn so reich nnd produktiv werde, wie es nur im Reich der Möglichkeit liege; denn sie können von ihren eigenen Fabrikwaren um so mehr nach Ungarn absetzen, je reicher dies Land sei.

Mit dem Versuch, ein Land des Reiches gegen das andere auszuspielen, sei es definitiv vorbei. Beide Teile stehen in einer politischen Verbrüderung, daher werden sie miteinander stehen oder fallen. Von dem Wachstum der Volkszahl Ungarns, von der Steigerung seiner Agrikultur- wie Manufaktur-Produktion werden die übrigen österreichischen Länder nur Vorteil haben. Diese „Bruderländer" werden fünfmal mehr als jetzt von ihren Fabrikerzeugnissen nach Ungarn absetzen, wenn Ungarn soweit gekommen ist, daß es zehnmal mehr Lebensmittel und Rohstoffe erzeuge und dabei Manufakturwaren im Wert von hundert Millionen fabriziere. Das Heil für zwei politisch zusammengehörige Länder bestehe darin, daß sie auch nationalökonomisch geeinigt werden: der ganz freie Verkehr, also ohne innere Zollschranken, ist das einzig wahre Mittel, beide in der möglichst kürzesten Zeit auf den höchsten Grad der nationalökonomischen Ausbildung zu führen, dessen sie nach Maßgabe ihrer Kulturstufe und ihrer politischen Zustände fähig sind. Tritt also Ungarn in die Zollunion mit den übrigen Ländern der Monarchie ein, so ist kein Zweifel, daß Ungarn (vorausgesetzt, daß es die oben berührten politischen Gebrechen geheilt hat) dermaleinst eine hohe Stufe der industriellen Entwicklung erreichen wird, eine höhere vielleicht als die verbrüderten Länder.

Damit ist allerdings das Heilmittel des Schutzvereins, die Einführung des innerstaatlichen Schutzzolls, verworfen. Aber damit ist er selbst nicht verworfen; vielmehr bleibt anzuerkennen, daß er den wirksamen Anstoß zur Schaffung einer ungarischen Industrie gegeben hat; das bleibt sein unbestreitbares Verdienst. Die Reichsregierung in Wien (die bisher — bestimmter Erscheinungen wegen — nur ihr Mißfallen über den Schutzverein ausgesprochen hat) kann nichts Besseres tun, als die Schutzvereinsbewegung als in ihrem Streben als berechtigt anzuerkennen und selbst an die Spitze dieser Bewegung zu treten.

Und damit ist List wieder bei seinem Lieblingsgedanken angelangt: es besteht zwischen der Regierung und der „Volkspartei" keine wesentliche Verschiedenheit des Strebens in Beziehung auf die Zwecke, sondern nur Meinungs-Differenzen in Beziehung auf die Mittel und Wege, diesen Zweck zu erreichen; und auch diese beruhen zum größten Teil nur auf wechselseitigem Mißtrauen und beiderseitigem Irrtum.

Damit hat List sein Ziel erreicht; er hat in voller Unbefangenheit den Leitern des Schutzvereins auseinandergesetzt, was er am Schutzverein für bedenklich, was er für gut hält, und er hat gezeigt, in welcher Weise er sich die Entwicklung der Tätigkeit des Schutzvereins wünscht.

Nun ist es keine bloße Höflichkeitsphrase mehr, wenn er den Schutzverein hoch leben läßt, dahinter steht sein ganzes Wirtschaftsprogramm für die Zukunft Ungarns. Jeder Hörer weiß nun, was gemeint ist, wenn er seine Rede auf dem nationalökonomischen Gastmahl mit dem Trinkspruch schließt: „auf das Gedeihen des ungarischen Schutzvereins und die ewige Verbrüderung zwischen Ungarn und Deutschland".

Wie nahmen nun die Zuhörer diese Rede auf?

Auch darüber teilt List einiges mit. „Die meisten der Anwesenden", berichtet er, „zumal die Häupter, waren während dieser Anrede in tiefes Nachdenken versunken. Doch ward der Toast mit Enthusiasmus getrunken", und in rascher Folge ergriffen dann noch drei der Anwesenden das Wort: Gabriel von Klauzal, Moritz von Szent-Király, zuletzt „der große Graf". Den Inhalt ihrer Reden teilt er nicht mit; nach den Reden wurde „im besten Stil der gebildeten Welt" sogleich „das Feld der Politik verlassen, das der allgemeinen Unterhaltung und Jovialität betreten und während der Tafel nicht wieder verlassen."

Daß die Rede nicht ohne Eindruck geblieben war, zeigte sich aber später deutlich genug. Denn „als man, um den köstlich duftenden Nachtrank zu schlürfen, das reichverzierte Gesellschaftszimmer betreten hatte, da herrschte allgemeine Stille. Die Gäste saßen vereinzelt mit ihren halb oder ganz ausgetrunkenen Tassen in der Hand, in tiefes Nachdenken versunken. Der Geist der Jovialität war verschwunden und hatte einem ernsteren Platz gemacht. Man sah deutlich, die Gedanken der Gäste waren mit den früher gehaltenen Reden beschäftigt." List hatte seinen Wirten etwas zu denken gegeben; sie mußten das Gehörte erst innerlich verarbeiten. Er hatte ihnen von hoher Warte aus den Weg gezeigt, den sie gehen müßten. Würden sie sich weisen lassen?

Damit ist Lists Bericht über das denkwürdige nationalökonomische Gastmahl beendet. Er fügt aber noch ein Wort hinzu, aus dem hervorgeht, warum er jetzt von diesen Dingen spricht: er will sein Verhältnis zum ungarischen Schutzverein öffentlich klarstellen.

Dazu will er einem seiner Gegner, der ihn in der „Ulmer Schnellpost" angegriffen hatte, den Unterschied zwischen dem ungarischen Schutzverein (nebst seinem Schutzsystem) und dem deutschen Schutzsystem begreiflich machen. Dieser hatte beide in Parallele gestellt und den Mißerfolg des ungarischen Schutzvereins (der inzwischen bereits sich ankündigte) gegen List ausgespielt.

In Deutschland sei in gewissen Kreisen der Plan erwogen worden, gegen den Nordosten (das heißt: gegen Preußen und den von ihm begründeten Zollverein) einen süddeutschen Privatverein zu stiften gegen die Konsumtion von nordöstlichen Manufakturwaren. Gegen diesen Plan habe List sich sofort kräftig ausgesprochen und habe sein Zustandekommen verhindert. Und er sollte den analogen Gedanken des ungarischen Schutzvereins, auch eines Privatvereins, gutgeheißen haben. Im Falle des süddeutschen Privat-Schutzvereins habe er den Trennungsgedanken verworfen, aber die Gelegenheit benutzt, dem Nordosten begreiflich zu machen, in welch hohem Grad die Erbitterung des Südwestens gegen ihn gestiegen sei. Ebenso habe er (das ist die unausgesprochene Folgerung) im Fall des ungarischen Privat-Schutzvereins gehandelt: er habe gegen den Trennungs-Gedanken Einspruch erhoben; er habe aber die Gründung des Schutzvereins benutzt, um der Reichsregierung in Wien begreiflich zu machen, daß sie etwas tun müsse, um die in Ungarn gegen sie bestehende Mißstimmung aus dem Wege zu schaffen; er habe also bei beiden zum Guten geredet und ihnen empfohlen, sich zu gemeinschaftlichem Handeln zusammen zu tun. Die Parole sei nicht: wirtschaftliche Abkapselung Ungarns von den übrigen Ländern des Reichs, sondern vielmehr die wirtschaftliche Verschmelzung mit ihnen.

Gegen den Schutzverein und seine wirtschaftlichen Isolierungsgelüste aufzutreten, war nicht Lists Aufgabe. Seine Aufgabe war anders: er bezeichnete die Stellung, die der Schutzverein in der Entwicklung der ungarischen Wirtschaftsverhältnisse einnahm; er gab an, wie diese Entwicklung sich weiter vollziehen müsse. Er selbst redete der Verständigung das Wort. Insbesondere hat er den trennungslustigen Ungarn auf dem ökonomischen Gastmahl eine Rede gehalten, die dazu bestimmt war, sie nachdenklich zu stimmen. Ob sie seinem Rat folgen oder ob sie auf dem nun einmal eingeschlagenen Wege fortfahren wollten, mußte er ihnen freilich selbst überlassen.

Seine eigene Stellung konnte nur die sein: er mußte versuchen, die persönliche Fühlung mit den Leitern des Schutzvereins aufrechtzuerhalten. Die Meinungsverschiedenheiten waren als weniger wichtig in die zweite Linie zu stellen. In der Hauptsache war man einig: es muß etwas getan werden zur Förderung der Industrie. Auf dieser Basis konnte er hoffen, doch vielleicht einen gewissen Einfluß auf sie auszuüben.

3.

Das Verhältnis Lists zum ungarischen Schutzverein interessierte natürlich auch andere; es war in der Tat von entscheidender Bedeutung für die Beurteilung Lists wie für die Beurteilung des Schutzvereins und der von ihm vertretenen wirtschaftlichen und auch politischen (denn beides hing bei ihm unlöslich zusammen) Bestrebungen. Johann Mikolasch, 1811 bis 1845, Sudetendeutscher aus dem Böhmerwald, Professor der politischen Wissenschaften an der Theresianischen Ritterakademie[1]), ein Schüler von Kudler, demselben Kudler, der die Hauptrede auf dem Wiener List-Bankett hielt, hat über diese Frage einen eigenen Aufsatz verfaßt; er wollte ihn in der „Wiener Zeitung" veröffentlichen, hat dies dann aber auf Lists Wunsch unterlassen. Dieser Aufsatz wird hier zum erstenmal veröffentlicht (siehe Anhang); er ist etwas umständlich geschrieben, aber wertvoll als

[1]) Wurzbach XVIII.

eine zeitgemäße Stimme, welche die staatsrechtlichen Verhältnisse jener Zeit, ohne deren Kenntnis die ganze Frage unverständlich bleibt, klar auseinandersetzt. Staatsrechtliche Erörterungen waren das beliebte, viel gerittene Steckenpferd der ungarischen Politiker, insbesondere der oppositionellen. Ohne eine gewisse Umständlichkeit kann es daher auch bei Mikolasch, dem Gegner der ungarischen Opposition nicht abgehen. Der Inhalt seiner Darlegungen ist in Kürze dieser.

Die Kernfrage, die ihn (Mikolasch) beschäftigt, ist die Frage, ob eine dauernde Verbindung Lists und der nationalen ungarischen Partei wahrscheinlich ist. Auf den ersten Blick scheinen beide zusammenzugehören: beide wollen eine nationale Wirtschaftspolitik. List ist, wie schon der Titel seines Buches sagt, der Vorkämpfer des nationalen Systems der politischen Ökonomie (das ist: der Staats- oder Volkswirtschaft). Die nationale ungarische Partei will nun gerade eine national-ungarische Wirtschaftspolitik treiben; sie will zu diesem Zweck (wie List das ja für den deutschen Zollverein empfohlen hatte) den Schutzzoll einführen. Also stehen beide auf demselben Boden. Es scheint so — aber es scheint nur so. Bei näherem Zusehen ergibt sich, daß keine grundsätzliche Übereinstimmung besteht.

Sie besteht nur so lange, wie man nicht merkt, daß beide den Begriff „national" in ganz verschiedenem Sinne gebrauchen. List will in seinem Werk die Bedeutung zeigen, die der Staat für die Wirtschaft hat. Träger der Wirtschaft ist nicht das einzelne Individuum, sondern die politische Gemeinschaft, der es angehört: der Staat oder, wo der zu klein ist, die Staatenföderation, also die staatliche Organisation. „National ist daher in Lists wirtschaftlichem Sprachgebrauch alles, was den Staat betrifft, was politisch ist." „Nation" bedeutet also bei ihm die politische Nation, die Staatsnation. Die „Nation" besteht aus der Gesamtheit des betreffenden Staatsgebildes.

Anders ist es bei der nationalen ungarischen Partei; sie versteht unter der Nation, für die sie eintritt, die ethnographische Nation. Und nun die Anwendung dieser Begriffe auf den vorliegenden Fall: „Österreich (das Kaisertum) bildet im wirtschaftlichen Sinne unbedingt eine Nation, ungeachtet es ethnographisch so verschiedene Nationen auf seinem Staatsgebiete vereinigt; Ungarn dagegen wird wirtschaftlich nur dann als Nation gelten können, wenn es ein Staat ist."

Ist also Ungarn ein wirklicher Staat? — Das ist die entscheidende Frage.

Diese Hauptfrage zerlegt sich wieder in drei Unterfragen, die Mikolasch nun der Reihe nach erörtert. Sein Ergebnis aber ist dies:

Erstens, Ungarn ist kein selbständiger Staat, sondern der Teil eines Staates; es kann also auch keine selbständige Staatswirtschaft haben.

Zweitens, auch wenn man einmal diese Tatsache außer acht läßt und Ungarn für sich betrachtet, ergibt sich doch, daß es kein normaler, kein wirklicher Staat ist. Es erfüllt die Bedingungen nicht, die man an einen solchen stellen muß. Gebietsumfang und Bevölkerung sind nicht groß genug dazu. Die Lage des Landes ist ausgesprochen ungünstig; denn es ist fast ununterbrochen von anderen österreichischen Provinzen umgeben; die könnten im Konfliktsfall sein Wirtschaftsleben durch ein feindseliges Zollsystem vernichten. Noch ungünstiger vielleicht ist, daß es weder entwicklungsfähige Meeresküsten noch auch nur die Mündung seines Hauptstroms besitzt. Endlich besitzt Ungarn keine einheitliche Sprache und Literatur. Die Sprachen und Literaturen der verschiedenen Nationalitäten stehen selbständig nebeneinander. Bei solchen Gebrechen ist Ungarn kein Staat, wie ihn das nationale System Lists voraussetzt, kein Staat, der zu eigener Staatswirtschaft berechtigt oder fähig wäre.

Endlich drittens, betrachten wir die inneren Zustände Ungarns, so ergibt sich auch hier dasselbe Resultat. Seine Landwirtschaft, die Bildung seiner Bewohner, seine sozialen Verhältnisse sind noch nicht fortgeschritten genug. Es ist also nicht in der Lage, eine eigene Wirtschaftspolitik zu treiben und ein eigener Agrikultur- und Manufakturstaat zu werden.

Damit ist die Anwort auf jene Anfangsfrage gefunden: der Schutzverein versteht unter „national" etwas anderes als List, beide streben verschiedenen Zielen zu. „Man braucht wahrlich kein Prophet zu sein, um zu behaupten, daß List, so lange er der von ihm selbst aufgepflanzten Lehre treu bleibt, und der Schutzverein . . . wohl schwerlich lange Hand in Hand gehen werden, da der Gegensatz ihrer Strebungen und Mittel doch zu auffallend ist."

Kein Zweifel, Mikolasch hat damit die Gedanken Lists wiedergegeben. Eben darum konnte List die Veröffentlichung dieses Aufsatzes im gegenwärtigen Augenblick (Januar 1845) nicht angenehm sein. Noch war alles im Fluß, noch war es vielleicht möglich, die Leiter des Schutzvereins von ihrer starren Haltung abzubringen und sie für ein gemeinsames Handeln mit der Regierung, insbesondere mit der finanziellen Intelligenz Kübecks zu gewinnen. Seine Aufgabe war ja nicht, grundsätzliche Meinungsverschiedenheiten zu betonen und durch scharfe Aussprache ins Bewußtsein zu heben, seine Aufgabe war vielmehr, Harmonie zwischen den widerstrebenden Richtungen herzustellen und sie sich im praktischen Handeln zusammenfinden zu lassen. Eine Veröffentlichung dieses Aufsatzes hätte Lists freundschaftliche Beziehungen zu dem oppositionellen Ungarn stören können, deren Aufrechterhaltung ihm um seiner praktischen Zwecke willen am Herzen liegen mußte.

Die Führer des Schutzvereins haben immer wieder gegen den Vorwurf protestiert, daß sie separatistische Tendenzen verfolgten. Die Ausführungen

Mikolaschs zeigen, was davon zu halten ist: wenn der Teil eines politischen Ganzen ein eigenes Wirtschaftsgebiet werden will, so isoliert er sich eben. Und was ist der Unterschied zwischen Isolierung und Separierung? — Vielleicht waren sich die Leiter des Schutzvereins der vollen Konsequenz ihrer Forderung nicht bewußt, sicher dachten sie damals noch nicht daran, für ihr Land einen andern Herrscher zu fordern als den Kaiser von Österreich — aber ihre Forderung war, wie auch Horváth es nachträglich anerkannt hat (siehe S. 37f.), grundsätzlich separatistisch.

4.

Abschließend hat List sich über den Schutzverein ausgesprochen in seiner Denkschrift „über die national-ökonomische Reform des Königreichs Ungarn". Da führt er aus: der Schutzverein ist ein Schritt vorwärts. Ungarn hat erkannt, daß seine wirtschaftliche Lage unbefriedigend ist, daß etwas ganz Neues geschehen müsse, damit es aus dieser Lage herauskomme. Der Schutzverein ist die „instinktartige Manifestation eines inneren Gefühls, das der ungarischen Nation sagt, daß sie ohne gewerbliche und kommerzielle Ausbildung in ihrem Ackerbau, also in ihrer national-ökonomischen Entwicklung unmöglich fortschreiten könne". Als solche „instinktartige Manifestation" ist der Schutzverein zugleich eine kräftige Mahnung an die Regierung, etwas zu tun. Verharre sie weiter im Nichtstun, in der bloßen Negation, so werde das Volk schließlich notgedrungen die Reform selbst in die Hand nehmen. Seinen Motiven nach ist also der Schutzverein eine gesunde Erscheinung: eine Reform, eine Neugestaltung der industriellen und kommerziellen Zustände Ungarns ist nötig, dringend nötig.

Allerdings ist der ungarische Schutzverein nun in Gefahr, in Einseitigkeit zu verfallen: er will Ungarn wirtschaftlich isolieren; das führt zu einer Fehlentwicklung. Aber die Gefahr, die von hier aus droht, wird nun gerade dadurch noch vergrößert, daß die Reichsregierung sich absolut ablehnend gegen ihn verhält; sie treibt ihn dadurch nur immer mehr in die Opposition, das ist verkehrt. Die Regierung trete selbst an die Spitze der Reformbewegung. Dann wird sie Einfluß auf die Bewegung gewinnen und sich mit den Männern des Schutzvereins in der praktischen Arbeit zusammenfinden.

Mit dieser Stellungnahme distanziert sich List ausdrücklich von gewissen Kritikern des Schutzvereins, die er als „oberflächliche und dienstwillige Parteigänger" bezeichnet. Er nennt sie nicht mit Namen; aber es kann kaum ein Zweifel sein, daß er damit die landläufige österreichische Kritik meint, insbesondere auch die beiden gewichtigsten Stimmen: den anonymen Wiener Korrespondenten der Allgemeinen Zeitung, der jedem Schriftsteller seiner Haltung nach als Metternich-Offiziosus und seinem

Namen nach als Freiherr von Zedlitz bekannt war[1]); und den weniger bekannten Dr. H. im „Journal des österreichischen Lloyd", der, was ihm an Autorität fehlte, durch genaueste Sachkenntnis zu ersetzen suchte, wie denn dieser Karl Hock tatsächlich über ein hohes Maß von Fachkenntnis verfügte. Die Reihe seiner Aufsätze sammelte er nach ihrem Abschluß sogleich und gab sie als selbständige Broschüre heraus unter dem Titel: Gegen den österreichischen Schutzverein und seine Tendenzen[2]). Er ließ sie in Leipzig erscheinen; alles, was über Österreich hinauswirken wollte, mußte in Leipzig erscheinen. Leipzig wurde der Mittelpunkt der Streitschriften über Ungarn. Hier suchte jede Richtung zu Wort zu kommen.

Zedlitz und Hock verwarfen den Schutzverein „und seine Tendenzen" in Bausch und Bogen; sie schütten das Kind mit dem Bade aus. Aber was ist damit dem Kinde geholfen? Den Eindruck, den Zedlitz' ungarische Korrespondenzen auf ihn machten, hat List in einem Brief an Freund Kolb (aus Wien vom 19. Dezember 1844), also nicht für die Öffentlichkeit bestimmt, also wiedergegeben: „Freund Zedlitz kommt mir hinsichtlich seiner Fehde mit den Ungarn vor wie eine alte zänkische Frau, die nicht aufhören kann — unter uns gesagt. Mit all diesem Gezänke und Gespötte wird in Ungarn nichts gutgemacht. Die Ungarn sind eine noble, ritterliche Nation, bei welcher ein gutes Wort eine gute Stätte findet." Und, die praktische Konsequenz aus dieser Auffassung ziehend, fügt er die Mahnung an Kolb hinzu: „Sie sind es sich selbst, der Allgemeinen Zeitung und der guten Sache schuldig, aus der ungarischen Korrespondenz alles auszumerzen, was die Magyaren verletzen oder auch nur aufregen kann. Versöhnung, Transaktion ist, was Ungarn betrifft, mein Lösungswort."

Nach alledem kann kein Zweifel sein, daß Kossuth und Pulszky ehrlich glaubten, sich Listscher Argumente zu bedienen, wenn sie die Einführung des Schutzzolls zu Gunsten der ungarischen Indsutrie forderten und als Ersatz dafür die Privatinitiative der Bewohner Ungarns aufriefen, damit sie freiwillig an der Schwelle ihres Hauses der ungarischen Industrie diesen Schutz gewährten. Es kann aber ebensowenig Zweifel sein, daß sie sich hierin irrten.

Mit mehr Recht konnten sich die ungarischen Gegner des Schutzvereins auf List berufen. Der „Budapesti Hiradó" (vom 8. Dezember 1844) führt in dem Abschiedswort, das er dem Gast aus Deutschland nach seiner Abreise aus Pest widmet, ein Wort Lists an über die Art, wie bei der Schaffung einer ungarischen Industrie zu verfahren sei: „Bei Beginn der Be-

---

[1]) Zedlitz zuerst gegen den Schutzverein in der Allgemeinen Zeitung Nr. 301 vom 27. Oktober 1844.

[2]) Die Aufsätze erschienen im Journal des österreichischen Lloyd, und zwar in den Nummern 1844 Nr. 91, 1845 Nr. 1, 16f., 34, 75, 82.

wegungen für Fabrik-Industrie geschehen anfangs immer Mißgriffe, und Erfahrung wird nur mit eigenem Schaden erworben. Großartigere Anfänge bringen großen, kleinere Anfänge geringeren Schaden, weshalb die letzteren zweckmäßiger sind; denn nichts wirkt so erstarrend auf die erwachte Lust für die Industrie als verunglückte Unternehmungen, welche gleich einem auf den Baum gehängten Leichnam einen so üblen Geruch und Ekel um sich verbreiten, dem sich niemand auch nur von ferne nahen will." Wir zweifeln nicht, daß diese Äußerung Lists richtig wiedergegeben ist.

Der „Budapesti Hiradó" beklagt es, daß Lists Werk „hier Landes so schlecht verstanden wurde und in der Anwendung der Lehren desselben auf dies Land so viel falsche Begriffe erzeugte". Aber dies Übel sei ohne Lists Willen geschehen.

Tatsächlich haben sich in Ungarn Anhänger und Gegner des Schutzvereins auf List berufen. „Es entbehrt nicht einer gewissen Komik", sagt Ladislaus Grossmann[1]), „wenn die beiden gegnerischen Blätter (Pesti Hirlap und Budapesti Hiradó) sich die Lehren Lists in gleicher Weise aneigneten. Berief sich z. B. Pesti Hirlap zur Erhärtung seiner Ausführungen auf List, so kehrte das konservative Blatt den Spieß um und wollte seinen Lesern klar machen, daß Lists Theorien falsch gedeutet würden, weil sie angeblich gerade das Gegenteil enthielten". Aber diese Vorgänge sind nicht bloß komisch zu nehmen. Die Wissenschaft hat diese Erscheinung ernst zu nehmen und sie, wie es hier geschehen ist, auf ihre Wurzel zurückzuführen. Im einzelnen ist diese gegenseitige Bekämpfung der verschiedenen Richtungen in ungarischen Blättern noch nicht dargestellt; es ist eine Spezialaufgabe der ungarischen Forschung[2]).

Am richtigsten hat vielleicht ein ungarischer Zeitgenosse über den Schutzverein und seine Bestrebungen geurteilt, Alexander Pusztay, wenn er in seiner Broschüre Ungarns Industrie und der Schutzverein (Leipzig 1845) auseinandersetzt: der Schutzverein hat seinen Grund „in dem erwachten Gefühl des Zurückbleibens und der Bedürfnisse"; er ist also ein „Zeichen der nun einmal lebendig gewordenen Strebsamkeit und des Dranges zum Vorschreiten". Dies Streben ist gesund.

Aber der Verein begeht in der Wahl seiner Mittel einen Fehler; er setzt den Hebel an der falschen Stelle an. Die Grundbedingungen der Industrie fehlen in Ungarn noch; das ist der entscheidende Punkt; hier

---

[1]) Zeitschr. für die gesamte Staatswissenschaft 1930, Bd. II S. 122.

[2]) Dabei ist darauf zu achten, daß Kossuth nur bis 30. Juni 1844 Redakteur des Pesti Hirlap war. Die neue Redaktion war zwar auch oppositionell, aber sie ging in einigen Punkten andere Wege als Kossuth. Insbesondere wissen wir von Michael Horváth (vgl. a. a. O.), daß er die Schutzzollpolitik Kossuths und des Schutzvereins nicht mitmachte. Beim Pesti Hirlap ist also die Zeit vor und nach dem 1. Juli 1844 sorgfältig auseinander zu halten.

hat alle Reform einzusetzen; diese fehlenden Grundbedingungen zu schaffen, braucht Zeit. Wir aber „wollen alles in einem Atem erreichen, in der Hast aber liegt gewöhnlich Selbsttäuschung! Eine Industrie schießt nicht über Nacht hervor, und schießt sie doch hervor, so ist sie nur eine pourriture avant maturité (Fäulnis vor der Reife)". Nach List könne die industrielle Bildung einer Nation nur allmählich vonstatten gehen; schon die Heranziehung der nötigen Facharbeiter erfordere lange Zeit.

Wenn nun, nach hundert Jahren, die Geschichte des Schutzvereins[1]) wirklich einmal geschrieben wird, dürfte das Urteil dieses Magyaren bestätigt werden.

Kapitel VI.

List und das ungarische Kommunikationswesen.

I.

Das zweite große Thema, das List beschäftigte, war das ungarische Kommunikationswesen.

Die Entscheidung über diese Dinge lag in Wien, bei der Reichsregierung, und so hat List ihnen während seines Wiener Aufenthalts viel Zeit gewidmet.

Drei Männer waren hier von der größten Bedeutung: der Kaiser, der Reichskanzler und der Finanzminister.

Der Kaiser selbst, Ferdinand I., war schwachsinnig; vom Kaiserhaus war an seiner Stelle Erzherzog Ludwig die maßgebende Person; er hatte

---

[1]) Zeitgenössische Literatur über den Schutzverein: *Der ungarische Schutzverein.* Leipzig 1845. „Dem Grafen Kasimir Batthyány, Präsidenten des ungarischen Schutzvereins" gewidmet. Führt die gegnerischen Stimmen an und widerlegt sie Punkt für Punkt. — Alexander Pusztay, *Ungarns Industrie und der Schutzverein.* Leipzig 1845. Kritisch. — Dr. H[ock], *Der ungarische Schutzverein und seine Tendenzen.* Leipzig 1845. Aktenstücke zur Geschichte des ungarischen Schutzvereins. Herausgegeben und mit einer Vorrede versehen von Franz Pulszky. Leipzig 1847. Drei Ansprachen des Grafen Kasimir Batthyány, Hauptinhalt: Über die Zollfrage zwischen Österreich und Ungarn. Nach einer Rede von Ludwig Kossuth. — Literatur über die Zoll- und Handelspolitik: Rudolf Sieghart, *Zolltrennung und Zolleinheit.* Die Geschichte der österreichisch-ungarischen Zwischenzoll-Linie. Wien 1915. In dem Kapitel über die Aufhebung der Zwischenzoll-Linie (S. 171—196) findet sich eine merkwürdige Lücke: Bruck, auf dessen Initiative die Aufhebung zurückgeht, wird nicht erwähnt. Das liegt an den Quellen, auf denen das Werk beruht: es beruht nämlich auf den Akten des Finanzministeriums, das an der Frage natürlich auch beteiligt war; Bruck aber war Handelsminister. Die Akten des Handelsministeriums würden also manche Ergänzung liefern. Als das Buch erschien (1915), war Bruck vergessen; erst ein Jahr später wurde er wieder entdeckt von Richard Charmetz, *Minister Freiherr von Bruck. Der Vorkämpfer Mitteleuropas.* Leipzig 1916. — Adolf Beer, *Die österreichische Handelspolitik im 19. Jahrhundert.* Wien 1891. Darin besonders Kapitel 3 (S. 35—52): Die Zollpolitik in Ungarn.

List schon bei seinem ersten Aufenthalt in Wien freundlich empfangen. Von der Regierung war der Reichskanzler METTERNICH, nun schon ein Menschenalter lang am Ruder, der mächtigste Mann; ohne ihn konnte nichts geschehen. Wertvoll war es daher, daß er List gleich nach seiner Rückkehr aus Ungarn eine Audienz gewährte und ihn aufforderte, seine Vorschläge für ihn in einer Denkschrift niederzulegen.

Aber wichtiger fast noch als der Allmächtige war für List ein anderer Mann: der Leiter der Finanzen und der Eisenbahnen des österreichischen Kaisertums, der zuständige Fachmann. Das war der Freiherr Karl Friedrich KÜBECK VON KÜBAU. List hatte ihn bisher noch nicht kennengelernt, aber er war schon seit Jahren auf ihn aufmerksam geworden und hatte — par distance — eine hohe Vorstellung von ihm gewonnen.

Als Kübeck im Jahre 1840 Präsident der „allgemeinen Hofkammer" und de facto damit Finanzminister des Kaisertums Österreich wurde (der Titel wurde erst 1848 eingeführt), das heißt also: Reichs-Finanzminister, nicht bloß Finanzminister der „österreichischen Erbländer", kam ein frischer Zug in die Finanzverwaltung. Kübeck war durchdrungen von den politischen und volkswirtschaftlichen Nachteilen des Abschließungssystems gegen das Ausland, das bisher im Habsburger Reich geherrscht hatte[1]). Er wirkte in wiederholten Denkschriften für die Annäherung und den eventuellen Anschluß Österreichs an den Deutschen Zollverein, also für Gedanken, die auch List vertrat. Fanden diese Denkschriften in der Staatskanzlei, d. h. bei Metternich, auch nur laue Aufnahme, war ihnen kein praktischer Erfolg beschieden, blieben sie auch unveröffentlicht, so muß List doch über die Tendenz dieses Mannes unterrichtet gewesen sein.

Von noch größerer Bedeutung aber wurde Kübeck für List, als er (1842) auch Leiter des österreichischen Eisenbahnwesens wurde. Auf seine Initiative (1841) wurde die Generaldirektion der österreichischen Staatsbahnen ins Leben gerufen und seiner Leitung unterstellt[2]), auf seine Initiative wurde der Bau von vier großen Eisenbahnlinien auf Staatskosten angeordnet, und sofort begann er mit der Ausführung. So wurde Kübeck der Schöpfer des österreichischen Eisenbahnsystems. Zwei Jahre später wurde er der Schöpfer des österreichischen Telegraphenwesens (1846). Das war ein Mann nach dem Herzen Lists.

---

[1]) Allgemeine Deutsche Biographie, Bd. 17, S. 279—283 (Sommaruga).

[2]) Über die Kompetenzen der General-Direktion der österreichischen Staats-Eisenbahnen siehe Friedrich Wilhelm VON REDEN, *Die Eisenbahnen Deutschlands*. II, 1: Die österreichischen Eisenbahnen. Berlin, Posen, Bromberg 1844, S. 16ff. — Als Finanzminister des Gesamtreiches war er auch die oberste Instanz für das ungarische Finanzwesen. Nicht ganz deutlich ist die geographische Ausdehnung des Geschäftsbereichs der Generaldirektion der Eisenbahnen. Bedeutet „Österreichisch" hier den Gesamtstaat? Oder bedeutet es nur die österreichischen Erblande? — Im ersteren Fall hätte ihr auch das ungarische Kommunikationswesen unterstanden, also auch

List hat nicht gezögert, seiner hohen Achtung für die Tätigkeit dieses Mannes Ausdruck zu geben. In einem seiner zahlreichen Aufsätze über die Entwicklung der deutschen Eisenbahnen spricht er auch über die österreichischen Eisenbahnen und zeigt, daß sie vorbildlich geleitet werden[1]). Österreich stellt den anderen Staaten ein Beispiel auf, insbesondere den Staaten von Mittel- und Süddeutschland, die — wie Österreich — in hügeligem und gebirgigem Gelände liegen, bei denen die Eisenbahnen also — anders als in der norddeutschen Tiefebene — technische Schwierigkeiten zu überwinden haben.

Und wem verdankt es Österreich, daß seine Eisenbahnen vorbildlich geworden sind?

Es verdankt es dem glücklichen Umstand, daß hier einmal geschehen ist, was so selten geschieht, daß nämlich der Lenker der Geschicke des Staates hier den rechten Mann an den rechten Ort gestellt hat; und zwar an den wichtigsten Ort des Staats: an die Spitze des Finanzwesens. „Jener scharfblickende Geist, der schon lange die Geschichte Österreichs leitet", hat endlich den „rechten Mann gefunden für das wichtigste aller Departements in großen wie in kleinen Ländern, in Republiken wie in Monarchien, in konstitutionellen wie in absoluten". Mit dem Amtsantritt Kübecks, dieses „großen Finanztalents", beginnt die finanzielle Gesundung des Staatswesens.

„Ein neuer [Zoll-]Tarif soll bereits zur Publikation fertig liegen. Norddeutsche Blätter verkünden zum Voraus, es sei dies ein Übergang aus dem Prohibitiv- zum Freihandelssystem. Sie kennen den österreichischen Finanzreformator schlecht. Es ist offenbar ein Übergang aus dem entbehrlich gewordenen Prohibitivsystem in das unentbehrlich gewordene Schutzsystem, was beabsichtigt wird. Der österreichische Finanzminister ist einer jener Staatsmänner, deren Maßregeln Leute von Menschenkenntnis und politischen Einsichten vorherzusehen und vorherzusagen vermögen, ohne daß sie ihr besonderes Vertrauen besitzen oder ihre Akten gelesen haben — er ist nicht nur ein Talent ersten Ranges, er ist auch ein bedeutender Charakter." Und nach dieser allgemeinen Würdigung lenkt List zu dem Punkt zurück, von dem er ausgegangen war, und der ihm besonders am Herzen liegt: zu den Eisenbahnen; hier hat Kübeck seinen bedeutendsten „Vorschritt" gemacht; er ließ dem Beschluß jenes Eisenbahnsystems — Knall und Fall — die Ausführung mit seltener Energie folgen.

Das war rein theoretisch gesagt, getragen von dem Respekt für die Leistung dieses Mannes. Nun aber trat dieser Mann auch in sein persönliches

---

1846 Graf Széchenyi, der neuernannte Leiter des ungarischen Kommunikationswesens. Der Handelsminister Bruck (1848—1851) war auch für das ungarische Eisenbahnwesen zuständig.

[1]) Allgemeine Zeitung 1843, jetzt Werke Bd. III.

Leben. List würde ihm bald Auge in Auge gegenübertreten. Müßte es nicht eine Freude sein, mit einem solchen Mann in Fühlung, vielleicht sogar in Zusammenarbeit zu kommen?

Natürlich, daß Lists Gedanken diesen Mann umkreisten. Er fühlte sich ihm innerlichst verbunden, ohne ihn noch zu kennen. Auf dem nationalökonomischen Gastmahl in Preßburg hatte er das offen ausgesprochen. Ungarn und die österreichischen Provinzen seien durch die politische Notwendigkeit aneinander gekettet; daran vermöge keine Demonstration, auch keine politisch-ökonomische Demonstration wie die Gründung des Schutzvereins etwas zu ändern. Über den Schutzverein habe er seine eigene Ansicht, und er glaube, daß sie „von einer ebenso eminenten als einflußreichen finanziellen Intelligenz dieser Monarchie geteilt werde", und zwar glaube er dies, „ohne bisher dieser Intelligenz persönlich nahe gekommen oder mit ihr in irgend einer Weise in Rapport gestanden zu sein." Wenn er in diesem Kreise und in diesem Zusammenhang die Hoffnung ausspricht, die Gründung des Schutzvereins werde den doppelten Nutzen stiften nicht nur, daß sie die Bewegung zugunsten der ungarischen Industrie in Gang bringe, sondern besonders auch, daß sie die Reichsregierung veranlassen werde, die Bewegung positiv zu fördern, ja sich selbst an ihre Spitze zu stellen, so rechnet er dabei offensichtlich auf Kübecks Initiative.

Und nun war tatsächlich der Augenblick gekommen, wo List dieser „finanziellen Intelligenz" näher treten konnte. Was sie im einzelnen miteinander besprochen haben, wissen wir nicht. Der Erfolg zeigt aber, daß jeder große „Vorschritt", den List erhoffte, tatsächlich nicht erfolgt ist; die Regierung hat sich nicht an die Spitze der nationalökonomischen, speziell der industriellen Bewegung gestellt, um auf diese Weise auch mit den Opponenten in Fühlung zu kommen und sie so zur gemeinsamen Arbeit im Dienst des großen Ganzen mit fortzureißen.

Diese Entscheidung ging von Metternich aus. Es scheint aber, daß Kübeck mit List in engere Fühlung kam; denn an ihn ist das warnende Wort Metternichs gerichtet: „In jeder Beziehung erachte ich es als nötig, den Herrn List nicht die Stellung eines Projektanten überschreiten zu lassen." Das heißt zu deutsch: Laß dich nicht näher mit diesem Manne ein; verhandle nicht mit ihm auf gleicher Basis, wie man mit einem Sachverständigen verhandelt; halt' ihn dir vom Leibe; er ist ein bloßer Projektant!

An Kübeck speziell ist die erste der Ungarn-Denkschriften gerichtet, die Denkschrift „Über die Transportverbesserung in Ungarn". Die Frage fiel ja in sein Ressort, er hatte die Entscheidung Metternichs fachmäßig vorzubereiten. Es ist ein Irrtum, wenn ihr erster Herausgeber, Rudolf Sieghart, meint, sie sei deshalb so nüchtern ausgefallen, weil sie an Metternich gerichtet sei; List habe es absichtlich vermieden, politische Gedanken mit einzuflechten; Metternich könne das als Eingriff in sein Monopol der Staatenlenkung übel nehmen[1]). Kübeck ist auch der „Geist höheren Ranges", dem er sich, dem Begleitschreiben (vom 3. Februar 1845) zufolge, willig unterordnet. Kübeck hat den größten Teil seines Lebens ein Tagebuch geführt[2]). Aber gerade während der wichtigsten Zeit seiner Laufbahn, so lange er Präsident der allgemeinen Hof-Kammer war (1840—1848), hatte er keine Zeit, diese Gewohnheit fortzusetzen. „Meine öffentliche Stellung verzehrt meine ganze Zeit", seufzt er. Erst nach seinem Rücktritt vom Amt werden seine Tagebuch-Aufzeichnungen wieder reichhaltig. So kommt es, daß sich keine private Aufzeichnung Kübecks über seine Besprechungen mit List findet, nicht einmal Lists Name wird in seinen Tagebüchern erwähnt. In dem Briefwechsel mit Metternich findet sich zwar Lists Name, aber nicht in einem Schreiben Kübecks, sondern nur in einem Schreiben Metternichs, nämlich in dem Brief, in dem er List in die Schranken der bloßen Projektanten zurückweist.

Die Stellung Kübecks zu List könnte nur aus den Akten seines Ministeriums entnommen werden.

2.

Der Hauptgedanke der Denkschrift, die sich übrigens weitere Ausführungen auf Grund weiterer Informationen, am besten auf Grund einer Bereisung des Landes, vorbehält, die also nichts Abschließendes sein will, sondern nur ein Anfang — der Hauptgedanke der Denkschrift ist der:

Die Verkehrswege Ungarns sind noch unentwickelt; das aber hat auch einen Vorteil. Da die drei verschiedenen „Transport-Zweige", die wie überall auch für Ungarn in Betracht kommen, nämlich

1. Eisenbahnen (in zwei Formen: als Dampf-Eisenbahnen und als Pferde-Eisenbahnen),
2. Kanäle (große und kleine),
3. Landstraßen (erster und zweiter Klasse),

gleichmäßig unentwickelt sind, so kann man jetzt daran gehen, sie systematisch auszugestalten; nämlich so, daß jedem Transportzweig der ihm von der Natur bestimmte Platz angewiesen wird und sie sich nicht gegenseitig Konkurrenz machen.

Da Ungarn ein kapitalarmes Land ist, kommt es darauf an, die Transport-Zweige nicht nach dem Prinzip der Vollkommenheit, sondern nach dem

---

[1]) Ungarische Rundschau für historische und soziale Wissenschaften 1915, S. 748.

[2]) *Tagebücher des Carl Friedrich Freiherrn Kübeck von Kübau.* Herausgegeben und eingeleitet von Max Freiherrn von Kübeck. Wien 1909. Verlag Carl Gerold. II Bde. Dazu als Supplementband: *Metternich und Kübeck.* Ein Briefwechsel. Wien 1910. Verlag Carl Gerold.

Prinzip der Rentabilität, das heißt hier: der Wohlfeilheit auszugestalten. Daher muß man mit kleinen Kanälen anfangen, nicht mit großen. Daher muß man sich zunächst mit Pferde-Eisenbahnen begnügen und kann nur eine Strecke, die Strecke zwischen Wien und Pest, als Dampf-Eisenbahn ausbauen. „Hier fordern nicht bloß kommerzielle oder nationalökonomische und finanzielle, sondern höhere politische Zwecke besondere Berücksichtigung. Wien, das Herz der österreichischen Monarchie, kann nicht eng genug verbunden sein mit Ofen-Pest, dem Herzen von Ungarn."

Die Vorliebe Lists für Pferde-Eisenbahnen, die dem heutigen Leser auffällt, hat für die damalige Zeit nichts Überraschendes. Die Pferde-Eisenbahnen spielten in der Diskussion jener Zeit eine bedeutende Rolle. Zudem dachte sich List ihre Ausgestaltung in Verbindung mit einer technischen Erfindung, die auch die Schnelligkeit dieser Eisenbahnen über die Leistungsfähigkeit der bloßen Pferdekraft steigern sollte[1]): eine „Pferde-Lokomotive" müsse erfunden werden, die nicht von der Dampfkraft, sondern von dem Pferd in Bewegung gesetzt wird. Das Pferd geht dabei nicht auf dem Boden, sondern auf der Maschine; es bewegt sich nicht im Trab oder Galopp, sondern im Schritt; seine Arbeitskraft wird also nicht abgenutzt; infolge der technischen Erfindung aber, die noch zu machen wäre (aber tatsächlich nicht gemacht ist), bewegt sich die Maschine mit der doppelten Geschwindigkeit des Pferde-Galopps. Die einzige Eisenbahn, die Ungarn zur Zeit von Lists Besuch besaß, die 6½ Meilen lange Strecke Preßburg—St. Georgen, wurde als Pferde-Eisenbahn betrieben[2]).

Für die Dampf-Eisenbahn Wien—Pest schlägt List an der Stelle der beiden miteinander konkurrierenden Projekte, der rechtsseitigen Eisenbahn (der Gesellschaft des Barons Sina) und der linksseitigen Eisenbahn (der Gesellschaft des Barons Rothschild), der sogenannten Zentralbahn[3]), eine dritte Linie vor: die Linie Wien—Raab—Komorn—Waizen—Pest, die bis Komorn auf dem rechten Donauufer, von Komorn an aber auf dem linken Ufer verläuft und allein den Namen Zentralbahn verdient, den sich das linksseitige Projekt bloß anmaße, um zu verbergen, daß es nicht zentral, sondern einseitig ist. Damit berührte er die Interessen der beiden Gesellschaften und kam, da er die Kritik an der geplanten Zentralbahn auch

---

1) Werke III, S. 392f. (zuerst Allgemeine Zeitung 1843 Nr. 186 vom 5. Juli).

2) In der Eisenbahnkarte von 1844 der Listausgabe (Werke III, 2) fehlt diese Linie.

3) Über die 1844 in Ungarn vorhandenen und projektierten Eisenbahnen siehe: Friedrich Wilhelm von Reden, *Die österreichischen Eisenbahnen*. 1844, S. 57—66. — Über die ungarischen Eisenbahnen vgl. außerdem den Artikel „Ungarische Eisenbahnen" bei von Röll, *Enzyklopädie des Eisenbahnwesens*. Bd. X (1923), S. 49—70. — K. Prochaska, *Geschichte der Eisenbahnen der österreichisch-ungarischen Monarchie*. Wien-Teschen-Leipzig 1898.

öffentlich aussprach, mit der Zentralbahn-Gesellschaft in heftigen Konflikt. Später, in der zweiten Denkschrift, hat er die Kritik an der Zentralbahn fallen lassen. Nicht die Einzelheiten, die leitenden Gedanken sind das Wesentliche.

Als Träger des ungarischen Verkehrswesens war eine Privatgesellschaft, eine Aktiengesellschaft großen Stils gedacht[1]).

In der zweiten Denkschrift wird der Plan der Aktienkompagnie näher dargelegt, und es werden die großen Zusammenhänge aufgezeigt, die für die „nationalökonomische Reform des Königreichs Ungarn" bedeutsam sind.

Die Aktienkompagnie, die unter dem Namen „Ungarische Kompagnie" ins Leben gerufen wird, wird zwar eine Privatgesellschaft sein; denn nur so kann sie mit der nötigen Schnelligkeit arbeiten, die großen Summen ins Land ziehen, die dem kapitalarmen Ungarn fehlen, und die Fachleute beschaffen, die in Ungarn nicht vorhanden sind. Aber wichtiger noch an ihr ist ein anderes: sie wird die einzige Gesellschaft sein, die sich mit der Schaffung des Verkehrswesens und der damit eingeleiteten nationalökonomischen Reform Ungarns befaßt; nur wenn sie einzige Unternehmerin ist, kann sie die Arbeit systematisch und zugleich großzügig in die Hand nehmen. Das Unternehmen wächst damit über die Bedeutung eines bloßen Privatunternehmens weit hinaus. Daher ist von vornherein ins Auge zu fassen, daß das Eigentums- und Benutzungsrecht aller Anlagen der Kompagnie nach einer bestimmten Zeit an die Krone zurückfällt (am einfachsten dadurch, daß die Krone der Gesellschaft Garantie leistet). Auf diese Weise ist, auf lange Sicht gesehen, die Kompagnie nur der Schrittmacher des Staates, der das Erbe der Kompagnie antritt und dadurch einen ungeheuren Machtzuwachs erhält. Denn „wer die Transportmittel eines Landes in seiner Gewalt hat, hat auch das Land selbst in seiner Gewalt." Auf diese Weise erwirbt die Krone die stärkste Garantie gegen jeden künftigen Versuch einer Trennung Ungarns von der österreichischen Monarchie.

Einer Kompagnie gegenüber, die mit so großen Mitteln arbeitet, werden auch der ungarische Schutzverein (und der ungarische Fabrikverein, der sich inzwischen mit ähnlicher Tendenz gebildet hatte) bedeutungslos werden; ihnen bleibt nichts anderes übrig, als in der ungarischen Kompagnie aufzugehen und allenfalls einen Bestandteil derselben zu bilden. In diesem Rahmen können ihre Anhänger nützlich wirken. Denn die Leitung der Kompagnie wird es sich angelegen sein lassen, alle Intelligenzen des Landes, von welcher Partei sie seien, ihren großen Zwecken dienstbar zu machen. So werden auch die Kräfte der bisherigen Opposition für die positive Mitarbeit am Aufbau eines neuen Ungarn gewonnen und in den Arbeitsprozeß

---

[1]) Vgl. Lists Artikel *Kanäle und Eisenbahnen* im Staatslexikon.

eingegliedert. Die Kompagnie leistet also tatsächlich, was die Regierung leisten sollte: sie stellt sich an die Spitze der nationalökonomischen Reformbewegung und fast alle Intelligenzen des Landes, ohne Rücksicht auf ihr politisches Glaubensbekenntnis, zu gemeinsamer Arbeit im Dienst des großen Ganzen zusammen.

Wie wichtig und dringlich aber diese Arbeit zur Entwicklung Ungarns nicht nur für Ungarn, sondern auch für Österreich (im engeren Sinne) ist, zeigt ein Blick auf die großen politischen Zusammenhänge; sie sind sowohl außenpolitisch wie innerpolitisch.

Die außenpolitischen Zusammenhänge, die List hier vorschweben, kennen wir schon; aber List hält diese Dinge für so wichtig, daß er noch einmal, und gerade dem Leiter der österreichischen Politik gegenüber, darauf zurückkommt. Er geht hier mit Bewußtsein über die Grenze des Wirtschaftlichen hinaus, die er sonst als nationalökonomischer Fachmann sich gezogen hat. Denn die wirtschaftliche Entwicklung vollzieht sich ja nicht im luftleeren Raum, sondern in einer Welt, die von den politischen Mächten bestimmt wird.

Die politische Macht aber, der Staat, der für Ungarns Zukunft, für die politische wie für die wirtschaftliche, von entscheidender Bedeutung ist, ist Rußland. Vom Osten her, von Rußland, droht Ungarn, droht Österreich, droht allen Ländern der europäischen Mitte große Gefahr. Denn Rußland ist als eroberndes Land in die Geschichte eingetreten und kann diese seine Natur nicht verleugnen. Eroberung ist ihm Naturbedürfnis „wie dem reißenden Tier das Jagdmachen auf die schwächeren und zahmen. Auch Raubtiere scheinen zuweilen, nämlich wenn sie stille liegen, ruhig und fromm; damit aber läßt sich kein Naturkenner über die wahre Natur des Tieres täuschen; er weiß, dieses Stilliegen ist nur ein Zeichen, daß das reißende Tier entweder einen früheren Fraß verdaut oder durch den Schlaf die erschöpfte Kraft restauriert, oder daß es auf neue Beute sinnt und lauert." Das ist mehr instinktartig als bewußt; aber eben darum die wahre Natur des russischen Kolosses, die immer wieder durchschlägt; daran können auch einsichtige und wohlwollende Herrscher nichts ändern. Es ist nun einmal so. Die Macht dieses Kolosses wächst von Jahr zu Jahr einfach dadurch, daß sich seine Bevölkerung stark vermehrt, in fünfzig Jahren annähernd verdoppelt.

Diesem russischen Wachstum gegenüber gibt es nur ein Heilmittel: selbst zu wachsen. Das heißt hier: Ungarn muß wachsen und zwar schnell wachsen. Wachsen muß es zunächst an Menschenzahl; das kann es nur durch Einwanderung; wachsen wird es damit zugleich auch an Wohlstand und Macht. Auf diese Weise wird es ein „Bollwerk gegen Rußland". Zugleich wird es aber auch ein „Instrument der friedlichen Eroberung aller unteren Donauländer". Ungarn übernimmt die Wacht an der unteren

Donau gegen Rußland, gestützt auf Österreich und Deutschland, also für Mitteleuropa.

Wie sich die „friedliche Eroberung der unteren Donauländer" vollziehen soll, ist nicht näher angegeben. Offenbar ist sie nicht imperialistisch, sondern föderativ gemeint. Die Länder, die im südöstlichen Europa zur Zeit noch unter türkischer Herrschaft stehen, haben, da das Ende der türkischen Herrschaft nur noch eine Frage der Zeit, nur die Wahl, ob sie von Osteuropa (von Rußland) erobert werden, oder ob sie sich den Ländern Mitteleuropas anschließen wollen — wie denn im Revolutionsjahr 1848 von den rumänischen Fürstentümern tatsächlich der Versuch gemacht ist, in den Verband der Donaumonarchie einzutreten und dadurch Rückhalt an Mitteleuropa gegen Rußland zu finden.

Diese großzügige biologische, wirtschaftliche und politische Entwicklung Ungarns ist aber aus innerpolitischen Gründen, d. h. um des Gesamtstaats willen, nötig. Die ewigen Spannungen zwischen Ungarn und den übrigen Landesteilen müssen aufhören; sie bilden ein gefährliches Moment der Schwäche und können im Fall eines Konflikts mit Rußland direkt zur Katastrophe führen. Diese Spannungen, wenn es auf dieser Bahn wie bisher weiter geht, müssen sich steigern, Aktion ruft Reaktion hervor, „bis es am Ende zum Äußersten käme, zum Bruch, zum unheilbaren Bruch, der mit dem Moment einträte, in welchem der erste Blutstropfen zwischen Ungarn und Österreich flösse." List hält es für nötig, auf die Gefahr eines solchen Bruchs ausdrücklich hinzuweisen. „Daß Österreich", fügt er hinzu, „die Kraft hat, Ungarn mit Gewalt der Waffen zum absoluten Gehorsam zu bringen, zweifle ich keinen Augenblick. Allein von diesem Moment an wäre Österreichs Kraft für alle Zukunft gegen Osten wie gegen Westen gelähmt." Ein innerer Ausgleich liegt also im eigensten Interesse Österreichs.

Wie ist er zu erreichen?

Durch eine neue Haltung der Regierung. Bisher hat sie sich den ungarischen Wünschen gegenüber wesentlich negativ verhalten. Das muß aufhören, sie muß in ein positives Verhältnis zu Ungarn treten, das heißt: sie muß sich mit dem intelligenten und zivilisierten Teil des herrschenden Elements (das ist: des Adels) verbinden, um den noch in Barbarei versunkenen Teil desselben zu bändigen und zur Reform zu führen. Dies „junge Ungarn" gewinnt immer mehr an Bedeutung, während das alte mit seinem veralteten Geist nach und nach ausstirbt. Mit diesem jungen Ungarn muß die Regierung in Kontakt kommen. Das kann ihr nur gelingen, wenn sie die ungarischen Fragen in positivem Geist aufgreift und die nationalökonomische und — nicht zu vergessen — die politische Reform Ungarns in die Hand nimmt.

Hic Rhodos, hic salta! Diesen Entschluß muß die Regierung aufbringen.

Es war in der Tat eine völlige Umwälzung, die List anstrebte, und zu der er der Regierung sehr ernsthaft ins Gewissen redete. Er wollte den ewigen Zwist beseitigen und die widerstreitenden Richtungen zu gemeinsamer Arbeit zusammenführen. Das einzige Mittel aber, das ihm dafür zu Gebote stand, war gutes Zureden.

Er hat als ehrlicher Makler zwischen der Regierung und der ungarischen Opposition zu vermitteln gesucht, zum Besten des Gesamtstaates; die Macht, diesen Versuch auch in der Praxis durchzusetzen, lag nicht in seiner Hand. Der stimmungsmäßige Gegensatz war schon zu groß. List sah bereits die Gefahr, die hier drohte. Seine Stellung zur Sache war wahrhaft staatsmännisch — aber für Metternich war er nur ein Projektant.

3.

Was ist bei alledem herausgekommen?

Für List selbst nichts. Das ist Nebensache. Auch die „ungarische Kompagnie" als Trägerin der Reformierung Ungarns kam nicht zustande. Aber es kam doch etwas sehr Wesentliches zustande: Graf Széchenyi wurde an die Spitze des ungarischen Kommunikationswesens gestellt, mit der Aufgabe, es in der Hauptsache erst zu schaffen.

Wir dürfen annehmen, daß Kübeck der Vater dieses Gedankens ist[1]). Ihm, dem Gründer der österreichischen Staatsbahnen mußte es nahe liegen, auch die entsprechenden Aufgaben für Ungarn von vornherein in die Hand des Staates zu legen. Indem Széchenyi mit dieser Aufgabe betraut wurde, war die beste Lösung gefunden, die möglich war.

Wie stand List zu Széchenyi?

List wird ihn am 2. November 1843, auf dem nationalökonomischen Gastmahl des Grafen Kasimir Batthyány kennengelernt haben. (Den Irrtum des Registers der List-Ausgabe, nach dem Graf Széchenyi List Führerdienste im Magnatenhause am 1. November geleistet habe, haben wir oben aufgedeckt.) Was sie dort miteinander gesprochen haben, was Széchenyi in seiner Antwort auf Lists Rede gesagt hat, ob beide später in Preßburg und Pest noch miteinander umgegangen sind, wissen wir nicht[2]).

Wir kennen aber den großen Respekt, mit dem List Széchenyi gegenübertrat. Als er zu Anfang seiner Rede von dem Unterschied der „Stammnationalität" und der politischen Nationalität sprach (wir könnten wohl sagen: von der ethnographischen und der politischen Nationalität) und vor

---

[1]) Kübecks Anteil bei dieser Angelegenheit ist noch festzustellen; ebenso die Beziehungen von Kübeck und Széchenyi. Széchenyi hat seine Gedanken niedergelegt in seinem Buch „Vorschlag zur Ordnung des ungarischen Verkehrswesens" (Preßburg 1848, 130 Seiten). Magyarisch. Nicht in die Gesammelten Werke aufgenommen.

[2]) Vgl. Ergänzungen des Herausgebers, S. 61 f., die auch das Verhältnis Széchenyis zu List beleuchten.

seinen Hörern den Gedanken entwickelte, wie eine ethnographische Nationalität zu einer politischen Nationalität heranwachsen könne; wie insbesondere die bisher zahlenmäßig so kleine magyarische Nationalität zu zahlenmäßiger Stärke und politischer Bedeutung gelangen könne, wie unter ihrer Führung dermaleinst eine ungarische Nationalität in der Reihe der Weltnationen Sitz und Stimme nehmen könne, gewann er die Aufmerksamkeit Széchenyis; denn das war das Thema, mit dem Széchenyi sich stets und ständig beschäftigte. Der „große Graf" richtete seinen durchbohrenden Blick auf ihn und ließ ihn auf ihm haften, „während ein dämonisches Lächeln — im edelsten Sinn gesagt — sich auf seinem geistreichen Gesicht lagerte." Und als nach dem Essen, bei einer Tasse Kaffee, einer der Gäste ihm zuflüsterte: „Sie sind berufen", lehnte er diese Huldigung ab und gab sie, auf den „großen Grafen" weisend, an diesen weiter: „Dort aber sitzt der Auserwählte."

Es besteht eine tiefgehende Parallelität zwischen beiden Männern. List bekämpfte die Selbstherrlichkeit der deutschen Kleinstaaterei, Széchenyi den Kantönligeist der 52 ungarischen Komitate. Beide setzten den Hebel bei der wirtschaftlichen Entwicklung an: durch Wohlstand zur politischen Macht. Beide waren überzeugt von der Notwendigkeit der Vernunftehe zwischen Ungarn und den österreichischen Erbländern. Kein Zweifel, Széchenyi, nicht Kossuth war der Mann Lists.

Und jetzt wurde Széchenyi an die Spitze des ungarischen Kommunikationswesens gestellt, um den Wohlstand des Landes zu heben, sein Einheitsbewußtsein und zugleich seine politische Verbindung mit den übrigen Teilen des Gesamtstaates zu stärken.

Was hatte List dazu getan? — Die Lösung geht nicht auf Lists Anregung zurück. Aber er hat doch einen wesentlichen Anteil an der Lösung. Durch sein Auftreten in Ungarn und Wien hat List die Frage des ungarischen Kommunikationswesens populär gemacht; er hat ihre Dringlichkeit den Regierenden ins Bewußtsein gebracht und sie, vor allem Metternich und Kübeck, genötigt, eine Entscheidung zu treffen; er hat den Stein ins Rollen gebracht. Auf diese Weise, als Dränger und Vorwärtstreiber, hat auch List dazu mitgewirkt, daß Széchenyi — als der „Auserwählte" — ins Amt berufen wurde. Das ist nichts Kleines.

Wie weit der „Auserwählte" selbst von List und seinen Gedanken Notiz genommen hat, bedarf noch der Untersuchung.

Kapitel VII.

List und die deutsche Einwanderung.

Das dritte der großen Themen, die List in die Debatte warf, war die Wiederaufnahme der großen Kolonisation des 18. Jahrhunderts, aber mit neuer Zielsetzung: die Bevölkerung und den Wohlstand in amerikanischem Tempo zu steigern. Seine Bemühungen auf diesem Gebiet haben am wenigsten Erfolg gehabt.

Zunächst zwar ließ sich auch hier alles wohl an. Noch aus Wien, bevor er den Boden Ungarns betrat, kann List berichten (Brief von Ende Oktober an Karl Forster), daß Erzherzog Karl, der bedeutende Besitzungen in Ungarn hatte, für diesen Plan Interesse habe. Dessen Güteradministration benachrichtigte ihn, daß List auf all seinen Gütern aufs beste werde aufgenommen werden, und gab ihm zu verstehen, daß der Erzherzog geneigt sei, ihm selbst Ländereien zur Anlegung einer Kolonie einzuräumen, „im Fall sich nicht anders Gelegenheit fände." Wer ihm diese gute Absicht des Erzherzogs übermittelte, sagt List nicht. Aber wir können es vermuten. Der Leiter der erzherzoglichen Güteradministration war der Hofrat Joachim Ritter von Kleyle (1775—1854); er wird also die Botschaft des Erzherzogs vermittelt haben. Sein Sohn, Karl Ritter von Kleyle (1812—1859), der seine Laufbahn auch beim Erzherzog Karl († 1847) begann, dann aber in den Staatsdienst trat, hat später, als das Kolonisationsprojekt (seit 1849) wirklich akut zu werden schien, als Referent des Landwirtschaftsministeriums daran mitgewirkt[1]); wie weit er selbst unter dem Einfluß Lists stand, wissen wir nicht. Am bekanntesten ist die Tochter Joachim von Kleyles geworden: Sophie von Kleyle, verehelichte Löwenthal; sie ist es, die in Lenaus Leben so große Bedeutung hatte. Jedenfalls war das Haus Kleyle angesehen und von geistigem Leben beseelt.

Auch als List den Boden Ungarns selbst betrat, wurde der Kolonisationsgedanke zunächst freundlich aufgenommen. Die beiden Berichte über Lists Aufenthalt in Preßburg und Pest von Pulszky und Lukács melden das übereinstimmend. Pulszky weiß zu berichten, daß mehrere der begütertsten Magnaten gegen List ihre Geneigtheit zu kolonisieren erklärten, und er weiß, was besonders wichtig ist, auch zu berichten, daß zwei Behörden dem Unternehmen freundlich gegenüberstehn: die kaiserliche allgemeine Hofkammer, also eine Reichsbehörde, und die königliche ungarische Hofkammer in Wien. Der „erlauchtete Präsident" der ersteren habe ähnliche Kolonisationsversuche, wie sie List beabsichtigte, bereits eingeleitet; daher sei auch die ungarische Hofkammer nicht abgeneigt, auf Lists Vorschläge einzugehen. Ihr Chef, Graf Anton Majláth, hatte ja an List eine Einladung ergehen lassen. Die Mitwirkung dieser beiden Behörden allein hätte schon ausgereicht, das Kolonisationsprojekt zu sichern.

Günstig war auch, daß Lukács sich nicht nur referierend verhielt, sondern positiv für Lists Gedanken eintrat. „Wenn man die Fruchtbarkeit

---

[1]) Johann Kósa, *Die ungarische Kolonisationsfrage um die Mitte des 19. Jahrhunderts*. Wien 1838, S. 53.— Gottfried Fittbogen, *Stephan Ludwig Roths Kolonisationsversuch im zeitgeschichtlichen Zusammenhange*. Südostdeutsche Forschungen, 1941.

des in manchen Teilen des Landes beinahe noch jungfräulichen Bodens, die dünne Bevölkerung eben der fruchtbarsten Gegenden, die ungeheuren Strecken Landes, die man mit verhältnismäßig geringen Kosten durch zweckmäßig geleitete Kanalbauten den Sümpfen . . . abgewinnen könnte, betrachtet, so muß man erkennen, daß kein Punkt der Erde gleiche Chancen des Erfolges deutscher Kolonisation bietet. Andererseits wäre es auch für Ungarn in materieller Hinsicht vorteilhaft, auf diesem Wege einen Zuwachs an Kapital und Menschenkräften, deren es noch sehr bedarf, zu erhalten." Hier begegnen sich deutsche und ungarische Interessen.

Allerdings hält Lukács es für nötig, noch einige apologetische Bemerkungen hinzuzufügen. Eine Germanisierung des Landes und Volkes sei von den deutschen Einwanderern nicht zu befürchten. Zwar bedienten sich manche deutschländischen Journalisten Ungarn gegenüber einer Sprache, die nur Mißtrauen erzeugen könne; aber in solchen Äußerungen dürfe man nicht die Gesinnung der deutschen Nation sehen. Es sei also dafür zu sorgen, daß das nützliche Werk — nützlich für beide, für die Deutschen wie für die Ungarn — nicht durch unerfreuliche Nebenerscheinungen verhindert werde.

Aber eben damit ist schon darauf hingewiesen, daß hier stimmungsmäßige Schwierigkeiten vorlagen. Zu einem ernsthaften Schritt in dieser Richtung scheint es während Lists Aufenthalt nicht gekommen zu sein. Wir brauchen also nicht weiter darüber zu berichten.

Kapitel VIII.

List und das deutsche Element in Ungarn.

Das Besondere an Lists Beziehungen zu Ungarn ist dies: es waren immer Ungarn magyarischer Volkszugehörigkeit, die sich an ihn wandten, nicht ungarländische Deutsche.

Der erste Magyare, mit dem List persönlich bekannt wurde, dürfte Pulszky gewesen sein, den ihm sein Freund Kolb von der Allgemeinen Zeitung in Augsburg zuführte. Tatsächlich hat die Augsburger Allgemeine Zeitung viel dazu beigetragen, List in Ungarn bekannt zu machen. Die Zahl seiner Aufsätze in der Allgemeinen Zeitung ist Legion[1]). Erschienen die meisten auch ohne seinen Namen, so konnte es doch denen, die selbst Schriftsteller waren, kaum entgehen, aus wessen Feder viele dieser Aufsätze

[1]) Die Liste seiner Aufsätze zur Tagespolitik in der Allgemeinen Zeitung von 1835—1844: Mitteilungen der Friedrich List-Gesellschaft Nr. 6 vom 1. November 1928, S. 255—271. — In einzelnen Fällen sind die Angaben unsicher. So stammt der Aufsatz der Allg. Zeitung vom 20. März 1844 *Die Deutschen in Siebenbürgern* nicht von List, sondern von einem Siebenbürger Sachsen. Er ist „Von der Donau" datiert; aber der Verfasser sitzt nicht im Stromgebiet der oberen, sondern dem der unteren Donau.

stammten (insbesondere die zahlreichen Aufsätze über die Eisenbahnen und über den deutschen Zollverein). In Ungarn aber erfreute sich die Allgemeine Zeitung großer Verbreitung.

Nachdem dann Lists grundlegendes Werk Das nationale System der politischen Ökonomie erschienen war, wurde er für die Ungarn ein Mann von eigener Bedeutung: er wurde in Augsburg selbst von Ungarn aufgesucht, und die Mitglieder des ungarischen Landtages von 1843/44 kannten in volkswirtschaftlichen Fragen keine höhere Autorität als ihn; die Redner der Magnatentafel wie der Ständetafel, der Regierungspartei wie der Opposition beriefen sich mit Vorliebe auf seinen Namen. Als er dann persönlich in Preßburg erschien, war der Landtag noch im Gange. Magnaten und Adlige waren sein Umgang.

Die ungarländischen Deutschen waren noch nicht in seinen Gesichtskreis getreten. Wie wenig er sich als deren Anwalt den Magyaren gegenüber fühlte, wissen wir aus seinem Gemälde von der Zukunft Ungarns: die einwandernden Deutschen werden in den Magyaren aufgehen, und bei denen, die schon im Lande sind, scheint er die Assimilierung herankommen zu sehen, ohne ihr zu widersprechen.

Aber sobald ihm in Ungarn Deutsche leibhaftig entgegentraten, mußte er — bei der Aufnahmefähigkeit und der Gerechtigkeit seiner Natur — auch deren Probleme in sich aufnehmen.

Was ist ihm davon bekannt geworden? Fragen wir also ganz konkret: welche Deutschen hat List in Ungarn kennengerlent?

Darauf können wir nur sehr unvollkommen antworten. Was wir darüber wissen, ist lückenhaft.

Zuerst sind ihm ungarländische Deutsche in Preßburg gegenübergetreten. Die „angesehensten Bürger, Kaufleute und Industriellen" Preßburgs, die List ihrer städtischen Interessen wegen konsultierten, sind in der Hauptsache Deutsche gewesen; denn die Bürgerschaft Preßburgs war wesentlich deutsch. In der Mühltal-Gesellschaft, die die Mühlen im Weidritztal ankaufte und Kaisermehl im großen Stil produzieren wollte, bildeten die deutschen Bürger, wenn sie auch einen ungarischen Magnaten zum Präsidenten wählten, zweifellos die Majorität. Zwei deutsche Herren der Mühltal-Gesellschaft lernen wir (aus dem Bericht der Preßburger Zeitung) sogar mit Namen kennen: Zechmeister und Hauser. Aber damit ist nicht gesagt, daß List sie persönlich kennengelernt und über die Angelegenheit mit ihnen gesprochen hat. Er selbst jedenfalls wendet sich in Dingen der Gesellschaft an den Grafen Zichy.

„Herr G. Zechmeister, genannter Bürger[1]), Vorsteher der Sparkasse und mehrerer gemeinnützigen Anstalten, ein Mann, der stets das Herz auf

---

[1]) „Genannter Bürger" soll offenbar eine Auszeichnung bedeuten. — Die Beschreibung der Stadt Preßburg in dem Werk von J. C. von Thiele, *Das Königreich*

der Zunge hat, wenn es sich um Ausführung des Edlen und Guten handelt", der „wohl mit Recht das Vertrauen aller genießt", ergriff als Erster das Wort und legte den Plan des Ankaufs der neun Mühlen dar. Vielleicht war er die Seele des Unternehmens?

Ernst Hauser, von Beruf „Landes- und Gerichtsadvokat", wurde am 7. Dezember, also nach Lists Abreise, zum Sekretär der Gesellschaft gewählt. Er war auf dem Landtag 1843/44 einer der beiden Abgeordneten der Freistadt Preßburg gewesen (der andere hieß Andreas Bednarics), war also ein Mann, der in der Stadt Ansehen genoß. Er erwies sich später als Lists Gegner; am 7. Januar 1845 richtete er ein Schreiben an List, das dieser als Schmähschrift bezeichnet. Wir kennen es nicht, können also nicht sagen, um welche Differenzen es sich handelte. Jedenfalls hat List an diesem Deutschen keine Freude erlebt. Vielleicht darf man vermuten, daß bürgerliche Philistrosität hier im Spiel war, und daß sie von vornherein einer großzügigen Entwicklung der Gesellschaft im Wege stand.

Ob unter den Deputierten der andern Städte, die Lists wegen die Reise nach Preßburg unternahmen und ihn einluden, ihre Städte persönlich aufzusuchen und mit seinem Rate zu beehren, wissen wir nicht, da ihre Namen nicht genannt sind, möchten es aber für wahrscheinlich halten.

Aber die Hauptsache wissen wir auch so nicht: haben sich ihre Gespräche mit List auf das bloß Geschäftliche beschränkt? Haben sie auch einmal mit ihm über das gesprochen, was sie als Deutsche auf dem Herzen hatten?

In Preßburg gab es auch ein geistiges deutsches Leben. Tobias Gottfried Schröer war sein wichtigster Repräsentant. Aber als Schriftsteller zog er sich in die Anonymität und Pseudonymität zurück. Es ist nicht anzunehmen, daß er versuchte, mit dem Nationalökonom in Fühlung zu treten. Seine Lebenserinnerungen[1]) erwähnen Lists Preßburger Besuch nicht. Eduard Glatz, an den man auch denken könnte, war damals nicht mehr in Preßburg, er war gerade nach Pest übergesiedelt.

Über den Pester Aufenthalt Lists sind wir im ganzen schlechter unterrichtet als über den Besuch in Preßburg; aber hier können wir wenigstens mit positiver Sicherheit den Namen eines ungarländischen Deutschen

---

Ungarn, Kaschau, Bd. VI (1833), kennt den Namen Zechmeister; S. 122: „Die Stiftung der evangelischen Gemeinde für Hausarme. Seit vielen Jahren existiert durch fromme Vermächtnisse einzelner Menschenfreunde, z. B. eines Zechmeisters und andern, ein Fond für Arme, denen es ihr Stand oder ihr Gefühl der Scham nicht erlaubt, die andern Wohltätigkeitsanstalten in Anspruch zu nehmen"; S. 124: Das Mädcheninstitut, durch Adam Zechmeister zu dem wohltätigen Endzweck gestiftet, daß zwölf arme Mädchen, unter der Aufsicht einer würdigen Vorsteherin gepflegt und in den weiblichen Handarbeiten unterrichtet werden, bis sie im Stande sind, sich ihr Brot selbst zu verdienen und dem Allgemeinen nützlich zu werden.

[1]) Chr. Oesers = Tobias Gottfried Schroers Lebenserinnerungen, Stuttgart 1933.

nennen, den List kennengelernt hat: Karl Maria BENKERT. Auf einer ungarischen Pußta ist Benkert mit List zusammen gewesen und hat das Fragment eines Gespräches mit ihm festgehalten.

Aber war Benkert ein wirklicher Deutscher? Im nächsten Jahr magyarisierte er seinen Namen und nannte sich Kertbeny. War er nun Deutscher oder Nichtdeutscher? Er war als Deutscher geboren, schrieb selbst in deutscher Sprache, sah es aber als natürlich an, daß die nächste Generation magyarisch schreiben würde.

Gerade in Pest berührten sich deutsches und magyarisches geistiges Leben aufs engste. Derselbe Landerer, der den Pesti Hirlap ins Leben rief, gab für das deutsche Publikum in Ungarn auch eine Zeitung in deutscher Sprache heraus, die Pester Zeitung, als deren Redakteur er Eduard Glatz nach Pest berief. Derselbe Heckenast, der Stifters Werke und die Werke vieler anderer deutschen Schriftsteller aus der Taufe hob, leistete den gleichen Dienst auch vielen magyarischen Schriftstellern. Die Pflege deutscher und magyarischer Literatur lag in derselben Hand.

Wie es in der Buchhandlung Heckenasts zuging, hat uns derselbe Benkert anschaulich geschildert[1]. Er konnte es, denn er hat seine Laufbahn bei Heckenast — als Buchhändler — begonnen. Hier hat er auch manches für seinen späteren Beruf — als journalistischer Schriftsteller — gelernt; insbesondere hatte er hier Gelegenheit, sein Talent, „Jagd auf Sommitäten" zu machen, auszubilden. „In der Buchhandlung von Gustav Heckenast" in Pest, schreibt also Benkert, „kamen zu Anfang der vierziger Jahre natürlich alle Koryphäen der ungarischen Bewegung zusammen, die Dichter, die Journalisten, die Landtagsreder und die Parteiführer. Der Laden war sehr elegant eingerichtet und dessen Prinzipal bekanntlich durch und durch ein Gentleman. Da erschien hastig und witzsprühend, der Vater der immer ungeratener werdenden Opposition, der letzte großartige Magnat Ungarns, Graf Stefan SZÉCHENYI, mit dem unvermeidlichen englischen Regenschirm unter dem Arm, und im Paletot, der absichtlich kürzer war als der darunter hervorguckende Frack. Und dieser Kopf! Diese scharfen Augen unter den buschigen Jupiteraugenbrauen! — Im nächsten Augenblick trat Ludwig KOSSUTH ein, damals erst mählich aufflackerndes Lichtlein, das Gesicht rund eingerahmt vom breiten Backenbarte, und dabei in der ganzen Physiognomie einen eigentümlichen halb höhnischen, halb elegischen Zug. — Dann polterte der riesige Baron Nikolaus WESSELÉNYI herein, mit einem Schädel, noch mächtiger als der Thorwaldsens, oder es kam der gleich riesige und dabei kurzsichtige Redakteur des „Hirnök", Herr VON HELMECZY. Wieder einmal war der edle Franz DEÁK da, eine starke

[1] *Silhouetten und Reliquien*, Bd. I (1861), S. 165f. — Ders: *Große Leute, Kleine Schwächen.* Berlin 1871, S. 214.

männliche Gestalt, mit dichtem Schnurrbarte und den liebenswürdigen Kinderaugen; oder der Verfasser des damals eben erschienenen Romans Der Karthäuser (1838—1841), Baron Josef Eötvös, eine nicht sehr große, sichtbar nervenleidende Erscheinung, disputierte mit Dr. Emrich Henszlmann, welcher jetzt (1861) in Paris eine so hoch geachtete Autorität in der Kunstkritik ist, über altdeutschen Baustil oder über die ungarische Abstammung Albrecht Dürers. Auch der kleine, stets didaktisch redende Graf Johann Majláth, der Historiker, fand sich ein[1]), oder der etwas stotternde, gewöhnlich sehr schweigsame Graf Ladislaus Teleki, jetzt in Paris. Dann setzte sich auf ein Stündchen der alte Paul Szemere in den Buchladen und traf mit seinem Neffen, dem stets demonstrierenden Bartholomäus Szemere zusammen, oder mit dem Homöopathen und Akademiker Dr. Paul Balogh, dem einzigen Ungarn, der persönlich mit Goethe gesprochen. Manchmal kam auch, vorsichtig schreitend, der greise Professor der Ästhetik, Ludwig Schedius, und nach ihm der ungenierte epigrammatische Franz Pulszky, mit dem kleinen lebhaften August Trefort oder mit dem jungen, doch schon sehr ernsten Geschichtsforscher Ladislaus Szalay parlierend. Und so gings fort, Bild auf Bild, besonders wenn wieder einmal eine zündende Flugschrift erschienen und bei Heckenast ausgegeben wurde. — Natürlich sah ich daher auch gar oft den edlen Grafen Aurel Dessewffy, den Champion der altkonservativen Partei, der unserem Buchladen gegenüber wohnte."

So also ging es bei Heckenast zu, den wir Deutschen meist nur von der deutschen Seite kennen, wie ihn die Magyaren hauptsächlich als Diener der magyarischen Literatur kennen. Hier war, in dem Jahrzehnt vor der Revolution, die magyarisch-deutsche Symbiose in vollem Gange.

Diese Schilderung zeigt zugleich besser als alles andere, welche beherrschende Stellung der Gentleman-Buchhändler Heckenast in Pest einnahm. Es ist kaum denkbar, daß List in seinem Streben sich mit ungarländischen Dingen bekannt zu machen, nicht sollte Heckenasts Buchhandlung betreten, daß er nicht Heckenast persönlich aufgesucht haben sollte. Ja, wenn ein Bürgerlicher in Ungarn schon vor 1848 eine Puszta besitzen oder pachten konnte, so wäre es durchaus nicht ausgeschlossen, daß das Gespräch mit List, von dem Benkert berichtet, auf der Puszta Heckenasts stattgefunden hat. Benkerts Anwesenheit würde sich so zwanglos erklären.

Benkerts Berichte sind mit einiger Vorsicht zu benützen. Denn seine Arbeitsweise bestand, wie wir von ihm selbst wissen[2]), darin, daß er um des Effektes willen auf Übertreibungen hinarbeitete. Der „Stoßseufzer ungeduldiger Reformsucht", den Benkert zu berichten weiß, wird im Kern

---

[1]) Er gab 1840—1842 in deutscher Sprache das Taschenbuch *Iris* heraus, in dem Stifters erste Novelle erschien.

[2]) *Spiegelbilder der Erinnerung*. Leipzig 1858, Bd. I,

schon echt sein; doch das Wort von dem „poetischen Zigeunergesindel“ das ausgerottet werden müsse, wird auf die Seite der zweckbewußten Übertreibung gehören. Lists Hochschätzung des magyarischen Volkes war nämlich echt, nicht etwa ein Produkt schriftstellerischer Taktik.

Nicht übel ist auch, wie Benkert List auseinandersetzt, der Deutsche neige dazu, nicht aus Egoismus, sondern aus rein sachlichem Drange, die Welt zu verbessern, andern lästig zu fallen; und aus „humaner Entrüstung“ das Gefühl anderer Völker zu verletzen. Vielleicht allerdings hat Benkert diese Weisheit erst nachträglich ausgebrütet.

Auf die Möglichkeit einer Bekanntschaft Lists mit Heckenast möchten wir unter allem Vorbehalt hinweisen. Jedenfalls muß er mit ungarländischen Deutschen zusammengekommen sein, die ihn über die Lage der deutschsprachigen Blätter in Ungarn orientierten; nur aus sich heraus konnte er den Plan einer großen ungarländisch-deutschen Zeitung, den er der ungarischen Hofkanzlei einreichte, nicht entwerfen; mindestens mußten andere ihm einen Teil des Materials liefern.

Als einer derer, die List informiert haben könnten, kommt auch Eduard Glatz in Betracht[1]). Er war erst kürzlich von Preßburg nach Pest übergesiedelt, im Herbst 1844; er hatte hier in der Herrengasse, im Trattner-Károlyischen Hause, Wohnung genommen, mit dem Ausblick auf den Ofener Blocksberg. Seit 1840 hatten Landerer und Heckenast sich vereinigt; nach der Familienüberlieferung wäre es Heckenast gewesen, der Glatz einlud, die Redaktion der Pester Zeitung zu übernehmen.

Glatz aber kannte List schon aus seinen früheren Veröffentlichungen, insbesondere kannte er sein Programm für die größere Zukunft Ungarns und billigte den ersten Punkt dieses Programms: die Einwanderung von Deutschen nach Ungarn[2]). Er billigte es ganz im Sinne Lists: die deutschen Einwanderer kommen nicht, um Ungarn zu germanisieren; sie werden sich vielmehr ungarisieren. Das mag schmerzlich sein, aber es ist ein Trost damit verbunden, der Trost nämlich, „daß — um des genialen List Gleichnis festzuhalten — in diesem Ehebündnisse, welches Deutsch- und Magyarentum eingehen, die Tochter in ein eng verbündetes Haus heiratet und daher nicht zu befürchten hat, daß die Anhänglichkeit zum Manne mit der Stimme der Natur in Zwiespalt geraten werde in ihrem Herzen.“ Ungarn und Deutschland sind aufeinander angewiesen. „In kein Land kann daher Deutschland seine Kinder getroster fortziehen sehen als nach Ungarn hinab; denn mit seinem Verluste verstärkt es eine Macht, an deren Kräftigung und Gedeihen es bei allen seinen Lebensfragen beteiligt ist.“

---

1) Karl Hans Ertl, *Eduard Glatz.* München 1940, S. 25.

2) Edmund Glatz, *Postfolio oder Beiträge zur Beleuchtung ungarischer Zeitfragen.* Leipzig 1844; darin Kapitel III: *Über deutsche Einwanderung nach Ungarn*, S. 221—244.

Glatz war mit List darin einig, daß er die „legitime Suprematie des Magyarismus" anerkannte und nur von diesem Boden für die andern Völker Ungarns, vor allem für die Deutschen und Slawen, die Lebensmöglichkeit gewahrt wissen wollte. Er stand nicht auf dem Standpunkt der abstrakten Gleichberechtigung aller Völker Ungarns, sondern auf dem Standpunkt ihrer verschieden abgestuften Berechtigung.

Mit dem Kreis Heckenast-Landerer-Glatz also könnte List in Fühlung gekommen sein.

Zum Gedanken einer neuen ungarländisch-deutschen Zeitung ist List aber nicht vom Standpunkt des bodenständigen deutschen Elements in Ungarn geführt (die neue Zeitung wäre ja ein Konkurrenzblatt für die bestehenden Blätter, also in erster Linie für die Preßburger Zeitung und für die Pester Zeitung geworden), sondern vom Standpunkt seiner Bestrebungen für die wirtschaftliche Reform Ungarns. Sollte die „ungarische Kompagnie" so umfassend wirken, wie ihm das vorschwebte, so bedurfte sie allerdings eines Organs, in dem sie ihre Gedanken entwickeln, die einzelnen Schritte des Reformwerks publizistisch vorbereiten konnte.

Keine der bestehenden deutschen Zeitungen könne das leisten; sie alle seien den magyarischen Zeitungen unterlegen, und List nimmt auch die Preßburger Zeitung und die Pester Zeitung nicht von diesem Urteil aus. Prüft man die ungarländisch-deutschen Zeitungen, so kommt man zu einem beschämenden Resultat: man begreift dann, warum das Deutsche in Ungarn „gleichsam in Verruf steht".

Was ist damit gemeint? — Die magyarischen Zeitungen wurden von dem politischen Schwung getragen, der durch das magyarische Volk ging. Den deutschen Zeitungen fehlte er. Hinter den magyarischen Zeitungen stand die politische Nation, das ist: Magnaten und Adel; sie waren die Führer der Bewegung. Hinter den deutschen Zeitungen stand die deutsche Bürgerschaft der ungarländischen Städte. Aber wer war ihr Führer? — Sie hatten keinen. — Ihre politische Bedeutung war gleich Null. Woher sollten sie und ihre Blätter politisches Streben, politisches Interesse haben? Wer die politischen Vorgänge verfolgen, wer am politischen Leben wenigstens rezeptiv teilnehmen wollte (aktiv konnte er es nicht, selbst die Landtagsdeputierten der deutschen Städte konnten das nicht, sie waren kaum mehr als Statisten), nun, der konnte ja zu den magyarischen Blättern greifen.

Die innere Lage der deutschen Bürgerschaften war in der Tat schwierig: eine Bewegung, die dem Aufschwung des magyarischen Volks entsprochen hätte, gab es unter ihnen nicht (das ländliche Element, das die Einwanderung des 18. Jahrhunderts ins Land gebracht hatte, war noch unmündig); die ungarländischen „Schwaben" rechneten noch nicht mit. In dem programmatischen Aufsatz der Vierteljahrsschrift aus und von Ungarn, aus der Feder ihres Redakteurs Emrich Henszlmann über Ungarns sprachverschiedene Volksstämme, werden die Deutschen also charakterisiert: Die Deutschen sind zwar das ungarländische Volk, das fast alle seine Kinder in die Schule schickt, und dasjenige Volk, welches am meisten liest; aber zugleich lebten die Deutschen bisher „in einer gewissen politischen Apathie, die von dem Streben nach staatsbürgerlicher Selbständigkeit und Mündigkeit am weitesten entfernt war.“ Und er zieht daraus die praktische Folgerung: „Betrachten wir diese Erscheinung vom Standpunkte der Naturgesetze, so müssen wir eingestehen, daß man sich vergebens bemühe, dem Lebendigen die Anziehung und Assimilierung des Leblosen zu wehren, das geht über die Kräfte des Menschen.“ Also wird die Entwicklung dahin führen, daß das weniger aktive deutsche Element von dem aktiveren magyarischen Element zunächst angezogen und dann assimiliert werden wird. Das ist einseitig gesprochen, vom Standpunkt des magyarischen Elements. Aber es zeigt: das deutsche Element war in eine Krisis geraten; es war dadurch innerlich gelähmt und nicht aktionsfähig wie das magyarische.

Für List ergab sich daraus die Frage: wie kann dies deutsche Element, das in Ungarn selbst sich nur geringen Ansehens erfreut, jetzt mit einem Male die Beeinflussung der öffentlichen Meinung in Ungarn in die Hand nehmen, um auf Ungarn zivilisierend zu wirken? Wie kann das unterlegene Element seine Überlegenheit beweisen?

Wir wissen nicht, ob List sich des Widerspruchs, der in dieser Frage liegt, bewußt geworden ist. Praktisch wäre eine deutsche Zeitung in Ungarn, die nach Stil und Inhalt noch weit über den magyarischen Blättern stehen sollte, nur durch weitgehende Heranziehung deutschländischer Kräfte möglich gewesen; das deutsche Element in Ungarn allein hätte sie nicht hervorbringen können. Und ob es gerade die Ungarische Hofkanzlei als ihre Aufgabe empfinden mußte, dem deutschen Element in Ungarn zu der Achtung zu verhelfen, die ihm fehlte, kann zum mindesten zweifelhaft sein. Wir begreifen, daß Lists Eingabe an die ungarische Hofkanzlei keinen Erfolg hatte.

Das Kapitel über die Beziehungen Lists zum deutschen Element in Ungarn bleibt unbefriedigend. Denn das deutsche Element selbst befand sich in einer schwierigen Lage.

Und auch das Zeitungsprojekt Lists ist, wir wiederholen es, letztlich nicht aus seiner Sorge um die ungarländischen Deutschen hervorgegangen, sondern aus seinen Bemühungen um die wirtschaftliche Reform Ungarns. Ein solches Blatt im Sinne Lists hätte zwei große Aufgaben gehabt: alles, was den materiellen Fortschritt betrifft, darzulegen, und auch die Veränderungen, die in der Gesetzgebung Ungarns nötig sind, um die gewünschte materielle Entwicklung erst zu ermöglichen, in der öffentlichen Meinung vorzubereiten. Es wäre ein Blatt geworden, welches versucht hätte, die ungarischen Angelegenheiten aus dem unfruchtbaren Streit der Parteien herauszuheben, Regierung und Opposition zu praktischem Handeln zusammenzuführen, harmonisierend im großen Stil zu wirken.

Ein solches Blatt war in der Welt Metternichs nicht möglich.

Schluß.

Wir haben gesehen, daß List in der Tat einen ganz ungewöhnlichen Einfluß auf Ungarn ausgeübt hat.

Durch sein Buch, und fügen wir hinzu: durch die Allgemeine Zeitung und durch die Ungarn, die sich an ihn persönlich wandten, war er zu einer Autorität für ganz Ungarn geworden; während seines Aufenthalts in Ungarn trat er mit einer großen Zahl führender Männer in den verschiedensten Stellungen in persönliche Berührung; er selbst bereicherte und vertiefte seine Kenntnis Ungarns, zugleich ging eine Fülle von Anregungen von ihm aus. Wie weit die Gedanken Lists noch in den nächsten Jahren in Ungarn verarbeitet wurden, bleibt noch aus ungarischen Quellen zu erheben. Nicht Lists Tod (am 30. November 1846), erst das Jahr 1848 bringt den Wendepunkt. Die Revolution bringt neue Fragen in den Vordergrund. Lists Wirksamkeit wurde darüber allmählich vergessen.

Für List war das, was er in Ungarn (und auch im ersten Monat nach seiner Rückkehr in Wien) erlebte, etwas völlig Neues. Er gab sich dem gern hin. „Ich werde hier", schreibt er an Freund Kolb (am 19. Dezember 1844) „sehr verehrt, und jedermann glaubt an mich. Das ist doch vernünftiger, als wenn man nur unaufhörlich widerspricht. Sie glauben nicht, wie wohl es tut, Weihrauch einzuschlürfen; das ist eine ganz andere Empfindung, als wenn man Prügel kriegt. Ich begreife jetzt, warum die Damen sich so gerne anbeten lassen, und könnte alle Tage selbst eine werden." Die beiden letzten Monate, November und Dezember 1844, sind der Höhepunkt seines Lebens.

Mit der Rückkehr in die Länder des deutschen Bundes trat die Prosa des Lebens wieder in ihr Recht.

Am 10. Februar 1845 erklärte der mächtigste Mann der Donaumonarchie ihn für einen bloßen Projektanten.

Und bald darauf stellte ihm sein Verleger Georg von Cotta anheim, sich für sein Zollvereinsblatt nach einem anderen Verleger umzusehen.

Am 30. November 1846 waren die Kräfte dieses Mannes zu Ende.

Seitdem ist das deutsche Volk sehr stolz auf ihn.

Anhang.

Aufsatz von Johann Mikolasch über Lists Verhältnis zum Schutzverein. Januar 1845. Für die „Wiener Zeitung" bestimmt, aber nicht veröffentlicht. An List übersandt mit Begleitschreiben vom 26. Januar 1845. Fasc. XXXIV. 36 [Abhandlung (hochinteressant), warum Lists „System der nationalen Ökonomie" (sic!) in Ungarn keine Anwendung finden könne? Von Dr. Joh. Mikolasch, K.K. Professor der politischen Wissenschaft an der Theresianischen Ritterakademie (Favoritenstr. Nr. 308)].

Selbst, wenn der wirtschaftliche Zweck des ungarischen Schutzvereins nur ein vorgeschützter, nicht der wahre wäre, so gibt es doch viele andere Umstände und Tatsachen, welche ein lebhaftes Streben nach Hebung ihrer Industrie von Seiten der Ungarn beweisen. Die besonders ehrenvolle Aufnahme, deren sich Dr. List bei seinem letzten Besuche in Ungarn erfreute, das Zutrauen, das man in seine staatswirtschaftlichen Kenntnisse und Erfahrungen setzt, beweisen zur Genüge, daß man sich seiner Unterstützung bei der Anstrebung dieses Zweckes gerne versichern möchte. Und in der Tat scheint Dr. List ganz der Mann zu sein, von dessen Tüchtigkeit ein wesentlicher wirtschaftlicher Fortschritt in Ungarn mit Wahrscheinlichkeit erwartet werden kann. Ungarn zieht gegenwärtig mehr als je eine besondere Aufmerksamkeit auf sich, und die Spannung auf den Erfolg, wenn List tätig in den Gang der Entwicklung der ungarischen wirtschaftlichen Verhältnisse eingreifen sollte, ist daher eben so begreiflich als allgemein. Ohne nun hier der Entscheidung durch die Erfahrung vorgreifen zu wollen, glauben wir doch, daß die vorläufige Sichtung jener Bedingungen, von denen dieser Erfolg abhängen dürfte, zeitgemäß und nicht ohne Interesse sei. Vor allem wichtig aber scheint uns die Frage, ob eine dauernde Verbindung Dr. Lists und der nazionalen ungarischen Partei wahrscheinlich sei, ohne daß ein oder der andere Teil von jenen Grundsätzen abgehe, zu denen sie sich bis jetzt öffentlich bekannt haben.

Der Zweck der Ungarn ist: Gründung einer einheimischen nazionalungarischen, von den übrigen österreichischen Provinzen unabhängigen Industrie, und den Wohlstand des Landes zu heben. Das zu diesem Zweck entsprechende Mittel: Einführung des Schutzsystems. Beides: Zweck und Mittel ⟨S. 1 | S. 2⟩ müßte nun von dem genannten deutschen Staatswirte gebilligt werden.

Es wäre in der Tat höchst oberflächlich geurteilt, wollte man daraus, daß Dr. List als Vorkämpfer des nazionalen Systems der politischen Ökonomie erscheint, sowie, daß das Streben seiner ungarischen Gastfreunde als ein vorzugsweise nazionales bezeichnet wird, schon auf eine allseitige Übereinstimmung ihrer Ansichten schließen. Dem Wortlaut nach freilich gibt es keine schönere Übereinstimmung, der Sache nach besteht ein großer Unterschied. List spricht in seinen Schriften überall von einer Staatswirtschaft; man hat nun in der Wissenschaft für das Staatliche, den Staat Betreffende, die Bezeichnung ,,politisch" eingebürgert und daher die Staatswirtschaft auch ,,politische Ökonomie" genannt. Nun hat Dr. List gefunden, daß in der Staatswirtschaft der Smithschen Schule die Staatsidee bis zur Unkenntlichkeit in den Hintergrund getreten sei, obwohl sie sich noch fortan politische Ökonomie nannte. Sein Zweck war, in der Staatswirtschaft die Idee des Staates wieder in ihre Rechte einzusetzen und die bisher ohne Berechtigung so genannte politische Ökonomie zu einer wahrhaft politischen zu machen. Um aber diese seine Absicht schon in der Benennung der Wissenschaft zu erklären, nannte er sein System das nazionale System der politischen Ökonomie. Nazional ist daher in Dr. Lists wirtschaftlichem Sprachgebrauche alles, was den Staat betrifft, was politisch ist[1]).

Daraus nun, daß die Ungarn eine eigene Nazion sind, ihre Nazionalität eifersüchtig wahren, folgt noch durchaus nicht, daß das nazionale System der politischen Ökonomie für sie anwendbar sei; ihre Nazionalität ist, um uns so auszudrücken, ethnografisch, die des nazionalen Systems der politischen Ökonomie rein staatlich. Österreich (das Kaisertum) bildet im wirtschaftlichen Sinne unbedingt eine Nazion, ungeachtet es ethnografisch so verschiedene Nationen auf seinem Staatsgebiete vereinigt; Ungarn dagegen wird wirtschaftlich nur dann als Nazion gelten können, wenn es ein Staat ist.

Nach diesem einleitenden Übergange wird die Frage, ob das nazionale System der politischen Ökonomie auf Ungarn, wie seine Verhältnisse gegenwärtig sind, Anwendung finde, erst nach Beantwortung folgender Vorfragen erledigt werden können:

1. Ist Ungarn ein Staat?

2. Ist Ungarn ein normaler Staat, d. h. ein solcher, wie ihn das nazionale System der politischen Ökonomie voraussetzt, damit er zur Ergreifung eines selbständigen Wirtschaftssystems fähig sei?

3. Hat Ungarn seine Entwicklung als Agrikulturstaat schon so weit durchgemacht, daß es zum Eintritte in die Reihe der Agrikultur-Manufaktur-Staaten reif ist?

---

[1]) S. ,,Der internationale Handel usw." von Dr. Friedrich List, S. 183 u. f. [Die politische Ökonomie, im Gegensatz zu der kosmopolitischen Ökonomie, ,,diejenige Wissenschaft, die sich darauf beschränkt zu lehren: wie eine gegebene Nation unter den gegebenen Verhältnissen durch Ackerbau, Industrie und Handel zu Wohlstand, Civilisation und Macht gelange."]

I.

Was die erste Frage anbelangt, so ist es für unsern Zweck durchaus überflüssig, uns an eine kritische Beantwortung derselben zu machen, auch böte dieselbe so viele Schwierigkeiten und öffnete ein so großes Feld von bisher unerledigten Streitfragen, daß über dem staatsrechtlichen der eigentlich staatswirtschaftliche Gesichtspunkt verloren ginge. So viel ist gewiß, daß Ungarn seit dem 11. August 1804 ein[en] Bestandteil des Kaisertums Österreich ausmacht. Vor der Erhebung aller österreichischen Staaten zum Kaisertum bestand für sie keine allgemeine Benennung; gegenwärtig aber sind sie unter der Benennung Kaisertum Österreich ein Ganzes, werden als solches dem Auslande gegenüber diplomatisch vertreten und stehen namentlich rücksichtlich des ausländischen Verkehrs mit den ⟨S. 3 | S. 4⟩ übrigen Provinzen Österreichs in ganz gleichen Verhältnissen. Daß Ungarn seit seiner Vereinigung mit Österreich seine frühere Verfassung beibehalten habe, ist ganz richtig; aber hierin ist es von den andern Gebietsteilen durchaus nicht verschieden, da auch diese mit Beibehaltung ihrer früheren Verfassung an Österreich gelangt sind, und noch gegenwärtig keine Gleichförmigkeit hierin besteht. Es ist wahr, man kann nicht annehmen, daß Ungarn von dem übrigen Teile der österreichischen Monarchie abhänge; aber dieses läßt sich ebensowenig von den übrigen Provinzen sagen. Niemand wird z. B. behaupten, daß Böhmen von Ungarn oder Steiermark abhänge. Demnach finden alle Bestandteile des Kaisertums ihre eigentliche Vereinigung in ihrem Haupt im Monarchen selbst, von dem sie alle übrigens wieder abhängen[1]). Dieser Sachverhalt ist es, der von vornherein schon die Frage überflüssig macht, ob der Umstand, daß der Kaiser von Österreich so viele Kronen auf seinem Haupte vereinigt, für das Schicksal der ihm unterworfenen Provinzen von Einfluß oder gleichgültig ist; denn es wird wohl Niemand im Ernste glauben, daß eines der den Kaiserstaat bildenden Länder für sich allein den Platz einnehmen könnte, den sie jetzt zusammen als Kaisertum unter den europäischen Großmächten behaupten. Eine umsichtige Regierung aber muß das Ganze im Auge behalten, was das Wohl der Gesamtheit fördert, ist ihre Hauptaufgabe; daß der Einzelne dabei nicht immer jene Berücksichtigung findet, die er vielleicht erwartet, ist ebenso natürlich, als daß er nicht auf Kosten der Gesamtheit gehegt und gepflegt werden darf. Wäre es nun wirklich möglich, daß etwas, eine wirt-

1) Daß der Monarch der Vereinigungspunkt aller Bestandteile sei, geht auch deutlich aus dem Umstande hervor, daß für den Fall des Erlöschens der männlichen und weiblichen Deszendenz des Erzhauses, die böhmischen und ungarischen Stände sich einen König wählen dürfen, wo dann eine Verteilung des jetzt Vereinigten eintreten könnte. S. Statistik des österreichischen Kaiserstaates von [Johann] Springer I, S. 215, und Statistik des Königreiches Ungarn von [Alexius von] Fényes II, S. 8.

schaftliche Maßregel für Ungarn wahrhaft ⟨S. 4 | S. 5⟩ nützlich wäre, aber die Interessen der Gesamtheit bloß stellte, so kann dieses Sonderinteresse unmöglich berücksichtigt werden.

Wie haben diesen Ausspruch nur für den Fall gemacht, als eine solche Trennung der Interessen einträte; genau genommen kann diese aber gar nie stattfinden. Denn leidet das Ganze, so leiden notwendiger Weise seine Teile, da nur aus ihnen das Ganze besteht; daß die nachteilige Einwirkung sich erst später, und da nicht immer jedem auf seinem einseitigen Standpunkte sichtbar äußert, kann sein, aber wer wird darum ihre Wirklichkeit läugnen können?

Aus dem Bisherigen ergibt sich also, daß die staatswirtschaftlich ungarischen Maßregeln nicht bloß mit Berücksichtigung der Bedürfnisse dieses Landes, sondern auch mit Berücksichtigung der Gesamtheit des Kaiserstaates in der Art geprüft werden müssen, wie dieses bei den militärischen Maßregeln und in diplomatischer Beziehung der Fall ist. Ungarn bildet demnach für sich allein, ohne Österreich im europäischen Staatensysteme keinen selbständigen Staat, somit fällt auch die Möglichkeit einer selbständigen Staatswirtschaft weg.

II.

Ist Ungarn ein normaler Staat? — Dr. List verlangt von einem normalen Staate[1]): große Bevölkerung, ein mit mannigfaltigen natürlichen Hilfsquellen ausgestattetes, ausgedehntes und wohl arrondiertes Land, eine gemeinschaftliche Literatur und Sprache, und zur Begründung einer Schiffahrt und Seemacht den Besitz von Küstenländern und der Mündungen seiner Ströme. Ohne diese Grundlagen will das nazionale System durchaus keinen Staat als berechtigt anerkennen, ein eigenes Wirtschaftssystem zu gründen.

Sind diese Bedingungen in Ungarn vorhanden? ⟨S. 5 | S. 6⟩

Wir nehmen diesfalls die Volksmenge bei Fényes mit 12990058 Einwohnern als die richtigere Zahl an[2]). Diese Summe gibt auf einen Flächenraum von 5.901 qu. Meilen eine Bevölkerung von 2200 Menschen[3]). Der ge-

---

[1]) S. List a. a. O. S. 257 u. 258.

[2]) [Fényes I 40] Die Schätzungen von Springer, von v. Csaplovics, Czörnig, Balti geben andere Zahlen. Gemeint sind folgende Arbeiten: Johann Springer, *Statistik des österreichischen Kaiserstaates*. 2 Bde. Wien 1840. [Bevölkerungszahl: I, 87f. Johann von Csaplovics, *Gemälde von Ungarn*. 2 Bde. Pesth 1829. [Bevölkerungszahl] I, 211.] Karl Czörnig, *Ungarns Volkszahl*. Österreichisches Archiv für Geschichte: Erdbeschreibung ... 1832, Nr. 142. Adrian Balti, *Essai statistique sur les Bibliotheques, de Vienne* ... 1835.

[3]) [Fényes I, 59. Dabei ist Dalmatien, mit 274 Quadratmeilen, nicht mitgerechnet.]

nannte Schriftsteller findet dieses Verhältnis sehr mittelmäßig. „Überhaupt", sagt er S. 60 I, „steht die Volksmenge Ungarns gar nicht im Verhältnisse zu seiner Fruchtbarkeit; denn diese betrachtet, könnte es leicht doppelt so viel Einwohner ernähren".

Die Ausdehnung Ungarns (sie wird von Fényes [I. 5] mit Einschluß Siebenbürgens und Dalmaziens auf 6.175 qu Meilen angegeben) ist allerdings eine beträchtliche, und hierin steht es England und Preußen gleich. Es wäre nun allerdings naiv genug, dem nazionalen Systeme eine genaue Zifferangabe der Ausdehnung für einen normalen Staat zuzumuten; allein da gewiß Jedermann Englands Ausdehnung als für einen solchen als hinreichend erkennen wird, so scheint Ungarns Ausdehnung, selbst nach Abrechnung Siebenbürgens und Dalmaziens, wenn man nur die Ausdehnung berücksichtigt, gleichfalls zureichend zu sein. Allein, daß der Flächenraum allein nicht entscheide, beweist das gleich große Preußen, das diejenigen am allerwenigsten als einen wirtschaftlich normalen Staat ansehen werden, die den deutschen Zollverein erst nach dem Beitritte der noch außer ihm stehenden norddeutschen Staaten, oder gar erst nach Hollands und Dänemarks Beitritt als einen normalen Handelskörper ansehen wollen (s. List a. a. O. S. 259).

An natürlichen Hülfsquellen ist das Land reich ausgestattet.

Was die Angrenzung anbelangt, so ist es fast ununterbrochen von anderen österreichischen Provinzen eingeschlossen; Galizien, Bukowina, Siebenbürgen, die Militärgrenze (v. Fényes gibt die Türkei als südliche Grenze an), Dalmazien, Illyrien, Steiermark, Niederösterreich, Mähren und Schlesien bilden einen Ländergürtel, der ganz Ungarn ⟨S. 6 | S. 7⟩ umschließt. Wir wollen diese Umzingelung durchaus nicht vom politischen Standpunkte aus betrachten; denn so lange Ungarn zum österreichischen Kaiserstaate gehört, hätte eine solche Würdigung nicht den geringsten Wert. Vom wirtschaftlichen Standpunkte aus fällt aber die Schwierigkeit der Durchführung eines abgesonderten Systemes sogleich auf. Alle Aus- und Zugänge, die Schlüssel zu allen seinen Toren sind in fremder Hand (von der Meeresgrenze wollen wir später einige Worte sagen), die Ein- und Ausfuhr kann durch ein feindseliges Zollsystem einer einzigen Macht gesperrt, vernichtet werden, die Beschränkung auf den inneren Markt aber wäre in mancher Beziehung gleich einem Todesurteile über die ganze Industrie.

Über Literatur und Sprache ausführlich zu sein, ist überflüssig. Der Sprache nach bilden von der Gesamtbevölkerung die eigentlichen Ungarn etwa den dritten Teil, die andere Bevölkerung bilden: Deutsche über 1 Million, Slowaken über 1½ Millionen, Wallachen über 2 Millionen u. a. m.[1]).

---

[1]) Wir wissen, daß die Zahlenangaben bei Fényes I, S. 586 als für die eigentlichen Ungarn parteiisch angefochten wurden, nehmen sie aber doch an, um nicht als Partei-

Daß dabei die Literatur der Gesamtliteratur nicht gefördert werde, ja daß von einer gemeinschaftlichen Literatur ebenso wenig wie von einer gemeinschaftlichen Sprache die Rede sein könne, wie List S. 257 verlangt, ist einleuchtend.

Auf den Besitz der Meeresküsten, Seehäfen, Strommündungen scheint List ein besonderes Gewicht zu legen; eine Nation, sagt er S. 258, die keine

---

gänger der entgegengesetzten Richtung zu erscheinen. [Die Seitenzahl I, 586 stimmt nicht; Bd. I hat nur 331 Seiten; gemeint ist wohl die Tabelle „Übersicht der Bevölkerung der Comitate, Districte und Grenzen nach Verschiedenheit der Sprache", I S. 56—58.] Die genauen Zahlen bei Fényes I, 39 sind:

Ungarn und Nebenländer	11367081 Seelen
Siebenbürgen	1513315 Seelen
zusammen	12880406 Seelen

Nicht mitgerechnet ist dabei das Militär und die Jugend der höheren Schulen. Es sind also noch hinzuzuzählen:

Das stehende Militär	75107 Seelen
Die Jugend der höheren Schulen	34545 Seelen
zusammen	109652 Seelen

Dann ergibt sich:

Bisherige Bevölkerung	12880406 Seelen
Militär und Jugend der höheren Schulen	108652 Seelen
Gesamtbevölkerung	12990054 Seelen

[Fényes gibt irrtümlich 12990158 Seelen an.] Der Sprache nach setzt sich (nach Fényes) die Bevölkerung (ohne Militär und höhere Schulen) aus folgenden Gruppen zusammen:

. . . .

Ungarn	4812759 Seelen
Slowaken	1687256 ,,
Deutsche	1273677 ,,
Walachen	2202542 ,,
Croaten	886079 ,,
Raizen	828365 ,,
Shokzen	429868 ,,
Winden	40864 ,,
Ruthenen	442903 ,,
Bulgaren	12000 ,,
Franzosen	6150 ,,
Griechen und Zinzaren	5680 ,,
Armenier	3798 ,,
Montenegriner	2830 ,,
Clementiner	1600 ,,
Juden	244035 ,,
zusammen	12880406 Seelen

Die Zigeuner sind nicht besonders gezählt, sind also in der Zahl der übrigen Völkerschaften mit inbegriffen. Wie Juden, die hier als Sprachgruppe, nicht als Religionsgemeinschaft aufgeführt werden, berechnet sind, ist nicht ganz deutlich.

Küstenländer, keine Schiffahrt und Seemacht besitzt oder die Mündungen ihrer Ströme nicht in ihrer Gewalt hat, ist in ihrem fremden Handel von andern Nazionen abhängig; sie kann weder eigene Kolonien anlegen noch neue Nazionen hervorbringen; aller Überfluß der Bevölkerung an geistigen und materiellen Mitteln, der aus einer solchen Nazion nach nicht kultivierten Ländern fließt, geht ihrer Literatur, Zivilisazion und Industrie zum Vorteile anderer Nazionalitäten verloren. ⟨S. 7 | S. 8⟩ In dieser Beziehung sagt Fényes a. a. O. I, S. 3: „Das Meer, welches die Nazion mit allen Völkern der Erdkugel am wohlfeilsten und leichtesten in Verkehr bringen könnte, berührt nur die äußerste südwestliche Ecke des Landes, und auch hier wird es vom Hauptkörper durch schroffe, schwer zugängliche Gebirge geschieden, überdies nimmt es von den zahlreichen schiffbaaren Flüssen des Reiches keinen einzigen auf." Von den Strommündungen ist unstreitig die der Donau am wichtigsten, einmal an sich, dann auch darum, weil mit sehr unbedeutenden Ausnahmen alle schiffbaren Flüsse in ihrem Stromgebiete liegen; wer aber der Herr der Donaumündungen ist, ist bekannt genug; Ungarn ist es nicht.

Dem Gesagten nach kann Ungarn auch nicht unter die normalmäßigen Nazionen gerechnet werden, wie sie das nazionale System voraussetzt, um sie als [sic!] zu einer eigenen Staatswirtschaft zu berechtigen oder zu befähigen.

III.

Ist Ungarn zum Eintritt in die Reihe der Agrikultur-Manufaktur-Staaten reif?

Wir wollen hier nur auf wenige Stellen in Lists Werken hinweisen, aus welchen das Kennzeichen dieser Reife zu entnehmen ist. S. 23 heißt es: eine Nazion soll streben, das nazionale System der politischen Ökonomie einzuführen, „sobald sie die dazu erforderlichen ökonomischen, geistigen und gesellschafstlichen Hülfsmittel besitzt. Unter den ökonomischen Hülfsmitteln verstehen wir eine ziemlich weit vorgerückte Agrikultur, die durch Ausfuhr von Produkten nicht mehr bedeutend gefördert werden kann. Unter den geistigen Hülfsmitteln verstehen wir eine weit vorgerückte Bildung der Individuen. Unter den gesellschaftlichen Hülfsmitteln verstehen wir Institutionen und Gesetze, welche dem Bürger Sicherheit der Person, des Eigentums, den freien Gebrauch seiner geistigen und körperlichen Kräfte sichern — Anstalten, welche den Verkehr regeln und erleichtern, und die Abwesenheit ⟨S. 8 | S. 9⟩ von Industrie-, Freiheit-, Intelligenz- und Moralität-störenden Instituzionen wie z. B. des Feudalwesens u. s. w.". S. 261 heißt es: „Einzig bei Nazionen der letzteren Art, nämlich bei denjenigen, welche alle erforderlichen geistigen und materiellen

Eigenschaften und Mittel besitzen, um eine eigene Manufakturkraft zu pflanzen, ... ist die Handelsbeschränkung zum Zwecke der Pflanzung und Beschützung einer eigenen Manufakturkraft zu rechtfertigen." S. 428 heißt es: „Schutzmaßregeln sind nur ... bei Nazionen zu rechtfertigen, welche durch ein ausgedehntes, wohl arrondiertes Territorium, durch große Bevölkerung, durch den Besitz natürlicher Hülfsquellen, durch einen weit vorgerückten Ackerbau, durch einen hohen Grad von Zivilisazion und politischer Ausbildung berufen sind, mit den ersten Agrikultur-Manufaktur-Handelsnazionen, mit den größten See- und Landmächten gleichen Rang zu behaupten." Wir könnten die angeführten Stellen ohne Verlegenheit beträchtlich vermehren, allein schon die angeführten reichen hin, uns einen Maßstab zu geben, um die Reife einer Nazion für das nazionale System beurteilen zu können.

Den Zustand der ungarischen Landwirtschaft wird kaum jemand weit fortgeschritten nennen. Springer (a. a. O. Bd. II S. 362) sagt, sie sei von so geringer Intensität, daß, mit Ausnahme der unerläßlichsten Arbeit von Seite des Landbauers, die Natur sich fast ganz allein überlassen ist. So sagt auch v. Fényes I S. 137, daß Ungarn in der Landwirtschaft noch ziemlich weit zurückstehe und bloß von seiner natürlichen Fruchtbarkeit unterstützt werde. Das, was der letzgenannte Schriftsteller im einzelnen anführt, bestätigt vollkommen beide allgemeinen Urteile. Weizen gedeiht vortrefflich, wird aber nur wenig gebaut; ebenso Gerste; nicht einmal der Mais findet allgemeinen Anbau; der Reisbau ist größtenteils aufgegeben; Kartoffel[n] werden erst in neuerer Zeit häufiger gebaut; Obst wird eingeführt. ⟨S. 9 | S. 10⟩ Wein liefert Ungarn viel und vortrefflichen; doch ist die Ernte nach Springer (II S. 387) in Ungarn um ein Drittel geringer als auf den minder fruchtbaren Gründen Österreichs bei gleichem Umfange; zudem ist in Ungarn nach v. Fényes die üble Gewohnheit, lieber mehr als guten Wein zu erzeugen, ziemlich weit verbreitet; die ungeheure Menge ungarischer Weine wird größten Teils im Inlande selbst getrunken; der ehemalige Weinhandel ist sehr herabgesunken (v. F. S. 165). Der Flachsbau ist verhältnismäßig sehr gering; Färberröte und Krepp [vielmehr: oder Krapp] wächst sogar wild, wird aber nirgends kultiviert; der Safranbau war einst gewinnbringend, ist aber gegenwärtig aufgegeben. Hopfen wächst gleichfalls wild, und doch werden jährlich an 1500 Zentner eingeführt. Daß die Rindvieh-, Pferde- und Schafzucht, ungeachtet der gewiß anerkennenswerten Fortschritte der neueren Zeit, noch vielfacher Verbesserung fähig seien, wird niemand in Abrede stellen.

Was die „weit vorgerückte Bildung der Individuen" anbelangt, so läßt sich diese im großen Durchschnitte in Ungarn schwerlich annehmen. Weder Springer noch v. Fényes geben über das Verhältnis der schulpflichtigen und wirklich unterrichteten Kinder genau[e] Daten, ja bei letzterem fehlt, auffallend genug, die ganze geistige Kultur! Unsere Ansicht über den Rückstand Ungarns in geistiger Bildung, beruht auf Springers allgemeinen Bemerkungen hierüber; II S. 300.

Bezüglich der gesellschaftlichen Hülfsmittel endlich wird Ungarn dem nazionalen System noch weniger genügen. Die Avizität, die Beschränkungen in der Erwerbsfähigkeit von Grund und Boden, die Steuerfreiheit des Adels, die fast gänzlich illusorische Vertretung des Bürgerstandes, der Abgang so vieler Anstalten, die den Verkehr regeln oder erleichtern, alle diese Umstände sind in neuester Zeit zu sehr besprochen worden, als daß es hier mehr als einer bloßen Berufung bedürfte. Man muß den Ungarn ⟨S. 10 | S. 11⟩ die Gerechtigkeit widerfahren lassen, daß sie die Übelstände durchaus nicht verkennen, und ihre Abstellung auf das lebhafteste wünschen; allein so lange sie bestehen, kann das nazionale System der politischen Ökonomie in Ungarn jenen Boden nicht finden, den es zu seinem Gedeihen verlangt. Übrigens täusche man sich ja nicht mit der Leichtigkeit einer Veränderung; unter die schwer zu hebenden Mängel rechnet List selbst S. 434 besonders fehlerhafte Staatsinstituzionen und Mängel an bürgerlicher Freiheit.

Fassen wir jetzt die Ergebnisse unserer Untersuchung zusammen, so ergibt sich: daß Ungarn jene politische Selbständigkeit nicht hat, die das nazionale System voraussetzt, daß es im Sinne des letzteren keine normalmäßige Nazion sei, endlich daß ihm, von allem andern abgesehen, jene Bedingungen fehlen, die einen Staat zur Ergreifung des nazionalen Systems wirtschaftlich berechtigen. Man braucht wahrlich kein Profet zu sein, um zu behaupten, daß List, so lange er der von ihm selbst aufgepflanzten Lehre treu bleibt, und die Ungarn, wenn der Schutzverein im Ernste als Vorläufer eines eigenen Wirtschaftssystems gelten soll, wohl schwerlich lange Hand in Hand gehen werden, da der Gegensatz ihrer Strebungen und Mittel doch zu auffallend ist.

Ebenso gewiß läßt sich behaupten, daß Ungarns wirtschaftliche Verhältnisse nur im engen Anschluß an den Gesamtkörper des Kaiserreiches jene Entwicklung und Bedeutung erhalten werden, deren sie in so hohem Grade fähig sind. Ja, in der Tat, jene Maßregeln sind für seine Wirtschaft die besten, die, unbeschadet seiner Verfassung, diesen Anschluß einleiten und ausführen. ⟨S. 11 | S. 12⟩

Das nazionale System der politischen Ökonomie in Ungarn

Dr. Joh. Mikolasch,

KK Professor der politischen Wissenschaften an der Theresianischen Ritterakademie (Favoritenstr. Nr. 308)

Johann Mikolasch an Friedrich List.

Wohlgeborner Herr Doktor!

Mein verehrter Lehrer und Freund, Herr Regierungsrat Kudler, hat mir mitgeteilt, daß Sie von einem der Wiener Zeitung durch mich zum Abdruck mitgeteilten Aufsatz: „Das nazionale System der politischen Ökonomie in Ungarn" eine Störung jener freundschaftlichen Beziehungen zu Ungarn besorgen, deren Aufrechterhaltung Sie zur Förderung Ihrer praktischen Zwecke wünschen. Ich gebe mir demnach die Ehre, Ihnen den erwähnten kurzen Aufsatz im Konzepte mitzuteilen, und ersuche Sie, für den Fall, als diese Ihre Besorgnis im geringsten gerechtfertigt sein sollte, mich davon mit einigen Zeilen in Kenntnis zu setzen, um den Abdruck desselben, wenn es noch möglich ist, vorläufig einstellen zu können. Ich hätte freilich billig Bedenken tragen sollen, mich als Schriftsteller im Negligée bei Ihnen einzuführen, allein ich hoffe, Sie werden über meinen Wunsch, Ihnen, wenn auch in einer Kleinigkeit, gefällig zu sein, jene Nachlässigkeiten und Lücken übersehen, an denen mein Konzept leidet. Indem ich Sie ersuche, mich von Ihrem Wunsche (unter meiner Adresse im juridisch politischen Lesevereine abzugeben) in Kenntnis zu setzen, benütze ich die Gelegenheit, mich mit besonderer Hochachtung zu zeichnen

Ihr ergebenster
Dr. Joh. Mikolasch

v. H. am 26. I. 1845
Wiener Zeitung: Ztg. 893d.

FSC
www.fsc.org
MIX
Papier | Fördert gute Waldnutzung
FSC® C083411

Kolibri 360 GmbH
Ferdinand-Jühlke-Straße 7
99095 Erfurt, Deutschland
produktsicherheit@kolibri360.de